監修の言葉

　2020年より学習指導要領の改訂に伴って小学校３・４年生から外国語活動の導入，５・６年生において英語が「教科」となり，評価の対象になりました。小学校３・４年生では，アルファベットや単語の認識で「聴く力」「話す力」を中心とした英語のやりとりに慣れ親しむプログラム，小学校５・６年生になると，より体系的な学習が求められ，「書くこと」「読むこと」にも焦点があてられます。小学校英語の目的の一つは，「英語なんかだいきらい」な子を一人でもなくすことにあります。中学校からの英語学習への苦手意識を取り除き，楽しく中学校英語に臨めることが大きな目標です。

　本書のエピソードにあるように，「英語が苦手，きらい」には理由があります。

　アルファベットが覚えられない，英語の音が聴き取れない，単語が声を出して読めない，ノートに写せない，単語が覚えられない，文法がわからない，などなどです。

　効果的な学習をするためには，教える立場の教師，保護者は，英語学習の初期の段階で一人一人どこが難しいのか，どこにつまずいているのかで次のステップにいけないのかをしっかり把握することが大切です。母語である日本語の習得でさえまだ十分でない小学生に対して画一的な外国語指導は危険です。一人一人「学び方が異なる」，すなわち「その子にはその子に丁度合った学び方がある」という認識をもつ必要があります。

　本書は，英語教育に長年携わる４人の先生方の体験を通して書かれています。特に第２章では，英語の特性をわかりやすく理解させる工夫がされています。

　例えば，「日本語と英語は表記が違いすぎます」。漢字は文字自体に意味がありますが，アルファベットには意味がありません。アルファベットを並べて意味のある単語をつくります。仮名文字は音と１対１対応していますがアルファベットは複雑です。本書では，アルファベットを丁寧に音声的に理解するプログラムがたくさん入っています。「日本語は音の高低（ピッチ），英語は抑揚（リズム）で話します」。日本語では音の高低で意味が変わることがありますが英語は抑揚です，しっかり聴くトレーニングの中で英語の抑揚を捉える訓練をします。

　本書の「どの子も置き去りにしない，つまずかせない」プログラムが，英語学習をあきらめない子どもを育てます。効果的な学習は「やる気」につながります。子どもの気に入った学習スタイルを見つけ，「英語は楽しいね」を実感させてあげてください。

大阪教育大学名誉教授・大阪医科大学 LD センター顧問

竹田　契一

JN039378

いろいろな難しさのある
学習者の特性を生かせる指導例

　1人の人間が誕生し，成長し，一生を生き抜いていく過程で，「評価」というものはあらゆる形でついて回ります。その「評価」は，自己で行う「評価」と他者からなされる「評価」の2つに大きく分かれるのですが，いずれにせよ，その人自身をよく知ることが「評価」の基盤となるべきだと考えます。概ね，この世の中でなされる「評価」は，ある1つの尺度に基づいてなされます。「評価」はいかなる場合でもよいに越したことはありません。それは確かですが，その人をよく理解して尺度を置き換えてみると「評価」は変わるということもあります。「A子ちゃんは，体育は苦手だけど，絵を描くのはとても上手だよね」などということは，よく耳にすることです。

　日本でも，能力を測定する手段として，IQを検査する方法が広くとられています。しかし，このIQテストの在り方に疑問を持ったのが，ハーバード大学教育学大学院教授のハワード・ガードナー（Howard Gardner）です。ガードナー教授によれば，IQテストは画一的で，言語や数学といった能力が強調されすぎており，人それぞれの認知的な長所が多元的に測れていない，ということです。ガードナー教授は，1つの知能に恵まれていなくてもいくつかの能力を組み合わせることでどの子供たちも活躍できる存在になれると考え，子供たち各々の長所—個性に合った形で学ぶことができることを願い，研究を続けています。その複数の知能が以下の通りです。ここでは8つの知能をご紹介します。

　評価される本人自身も，自分自身をよく知っていれば，たとえあることで低い評価を受けたとしても，自分のすべてを否定されたわけではない，と開き直れます。実は，鈍感力などとも言われたりする開き直る力「自分をよく理解していること」こそが「生きる力」なのではないでしょうか。

　以上のことを踏まえ，本書は，いろいろな難しさのある学習者にとって，様々な観点から学習が促進される可能性を高めるために，第2章の具体的指導例では，ガードナー教授の多重知能の観点を取り入れて紹介しています。学習者要因となるそれぞれの特性とその特性に適した学習方略が意識されるように工夫されています。

　プロローグでは，教室で見かける学習者の様子が紹介されています。続いての第1章では，英語学習の難しさにつながりうる事柄が解説され，第2章では，具体的指導例を紹介します。

（飯島 睦美）

※扱っている英文について，なるべく自然な言語材料に留意していますが，文法，語法を導入する順序や過程を鑑み，学習者の理解のしやすさを優先しています。

特別支援教育サポートBOOKS

学びはじめに
つまずかせない！

多感覚を生かして学ぶ

小学校英語の
ユニバーサル
デザイン

竹田 契一 監修

飯島 睦美・村上 加代子・三木 さゆり・行岡 七重 著

明治図書

言語的知能
言語を学ぶ能力，
言語を用いる能力

論理数学的知能
問題を論理的に
分析したり，数学的，
科学的に究明する能力

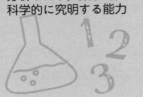

音楽的知能
音楽の演奏や作曲，
鑑賞する能力

身体運動的知能
問題を解決したり，
何かを作り出すために，
身体を使う能力

自分の可能性を
知る，広げる
８つの知能

空間的知能
広い空間のパターンを
認識して操作する能力

対人的知能
他人を理解して，
うまくやっていく能力

内省的知能
自分自身を理解する能力

博物的知能
事例の間の関係を理解し，
分析，識別し，
いくつかの種間の関係を
図示するという能力

〈参考文献〉　『MI：個性を生かす多重知能の理論』
Howard Gardner（原著），松村 暢隆（翻訳），2001

エピソード1

アルファベットが覚えられない

　まずスタート地点では，AからZまでを自分で唱えることがなかなかできない子供です。ABCソングはみんなと一緒なら大きな声で歌っているのに，1人では正確に唱えることができません。LMNやVWXYZのあたりが難しそうです。Sはこのあたり，Fはこのあたりという大体の位置の見当もつかないので，カードをアルファベット順に並べたり，辞書を引いたりする活動にとても時間がかかります。また，上下左右の空間の把握や，見たものを記憶する力が弱ければ，文字の形もなかなか覚えられません。正しい音で発音するには音を正しく聴き分けて，その音を記憶する力も必要となります。「ランダムに出された文字を見て発音する」ためには視覚，聴覚のいろいろな認知の力が必要なのです。書く活動においても，見本を見ただけでは書き始めの位置，左右，4線のどの位置に書くのかなどが捉えられない子供の場合は，正しく写すことができません。何回も書いた後で「間違っているよ」と言われてもう一度やり直す時，つらさは倍増します。英語学習で最初につまずきに気づくのは，アルファベット小文字テストでなかなか合格しない子供たちです。

エピソード2

英語の音が聴き取れていない

　英語の単語やフレーズが聴き取れないという前に，個々の音の聴き取りができていないことがあります。pigの最初の音が /p/ であったり，mapの最後の音が /p/ であったり，foxの最初の音の /f/ を /b/ に代えると boxになるなどの音の認識力のトレーニングをしてきていないので，自分の知っている音（日本語の音）で聴いています。Thisを「ジス」，ourを「アワ」という風に，授業ではしっかり聴き取れていないまま雰囲気でリピートしています。「ハーワーユー」「ナイストミーチュー」「ヒーズフロムキャナダ」という風に。英語が苦手な子供はどの単語がどう発音されているかまで考えている余裕がないのです。まして英語は続けて発音する時に an egg【アネッグ】，stand up【スタンダップ】のように音がつながったり，sit down【シッ（ト）ダウン】，good night【グッ（ド）ナイト】のように音が消えてしまったりもするので耳だけで聴き取るのは困難です。音と同時に絵カードや単語カードを示すとか，デイジー図書やデジタル教科書を使って字と音を結びつけるなどの視覚的な支援が助けになります。

単語を声に出して読めない

　「いす」が「チェアー」とわかっていても table, chair, bike の中のどれが「チェアー」なのかの見当がつかないという子供たちがいます。ローマ字の知識がほとんどないのです。英語の導入期においては多くの子供は単語を読む時に自分たちのローマ字知識を使っています。study（スタディ）「サ行のイメージ」, park（パーク）「パ行のイメージ」という感じです。この s が「サ行」であると認識できる力は英語音声化の大きな手掛かりとなります（綴りとの関係を考えるとヘボン式が望ましいです）。/k/ と /a/ で /ka/ のように,「子音」の後に「母音」を伴う日本語のルールが, /t/ /p/ /k/ のような子音のみの音にも母音をつけて発音してしまうことにつながり, 英語の音の学習の妨げになるという意見もあります。しかし, ローマ字の仕組みを理解することは, 2つの音素がつながって1つの音になるというブレンディングの練習にもなります。また, 教科書には *tofu*（とうふ）, *judo*（柔道）, *rakugo*（落語）のように, 日本語のローマ字表記もよく出てきます。ローマ字は小学校時代に理解しておいてほしい項目の1つです。

ノートを写すのに時間がかかる

　アルファベットは何とかクリアしていても, 書く活動がつまずきの原因となる子供もいます。単語の音声化につまずいている子供は, 1文字ずつ見て読めない単語を記号のように覚えて写しているのです。人より時間がかかりますし, 書いている間は授業の説明を聴くどころではありません。また, 中学校では4技能の育成が求められているので, 授業中にいろいろな活動を取り入れなければならず, 本文を写す, 単語を書くなどは家庭学習になることも多くなり, 毎回写してくることは大きな負担となっています。そして, 授業では宿題として写してきた本文にアンダーラインを入れたり, 意味を書き込んだりするので, 仮に頑張って写してきたとしても「with にアンダーラインを入れましょう」と言われた時に, どの単語が with なのかわからないのでアンダーラインも入れられず, 結局はみんなと同じノートづくりはできません。当然ノートは提出できず平常点は低くなります。「本文を5回, 新出単語を10回ずつ書きましょう」などは, よくある宿題ですが, 書くことの苦手な子供には何時間もかかるつらい宿題で, 英語をあきらめる原因となります。

単語が覚えられない

　英語の苦手な子供たちは単語を覚えることにも大変苦労しています。英単語が音声化できていないのですから「見て覚える」しかないのです。中学校１年生の教科書であっても１ページに10個以上の新出単語が出てきます。とにかく丸暗記するか，「単語は何回も書いて覚える」と言われ，ただひたすら書き続けるか，ローマ字知識を使って bike を「ビケ」，picture を「ピクツレ」と唱えながら覚えるか，音と文字の対応をさせずに，単語の下に片仮名で書き込み「プラクティス」と音で覚えているので，「プラスティク？」「プラティス？」という感じになってきます。視覚にも聴覚にも記憶量には限界があり，いずれも次々に増える単語にはとても対応できません。10点満点の単語テストではいつも０点～２点くらいしか取れません。今でさえこの状態なのに，新学習指導要領では，小学校で学習する単語を600～700語，中学校で1600～1800語と設定しています。合計すると2200～2500語となり現在の約２倍となります（現在は中学校で1200語です）。綴れないだけでなく読むことすらもさらにできなくなっていくことが懸念されます。

文法がわからない

　英語の文法ルールが理解できないと，テストや問題プリントができません。しかし，文法操作ができることが「英語学習の肝」と思い込んでいる子供も多くいて，このことが「英語が苦手」と感じる原因になります。日本語しか知らない子供が，全く違う言語の仕組みを習得するのですから，抽象的な言葉の説明だけでは難しすぎるのです。「an は母音で始まる単語の前，a はそれ以外の時」「主語が３人称・単数で，現在のことを表す場合，一般動詞の語尾に s をつける」「代名詞の目的格は…」などなど，当然のように説明されるこれらの事柄は，私たちが考えるほど当たり前のことでも明白なことでもありません。「英語は最初に主語が来て，次に動詞が来るよ」と文の骨組みを教えたいのですが，日本語の文章でさえ「主語って何？」という状態では，My mother plays the piano. の主語がどれなのか…ですら，すでに答えられません。しかも，動詞には be 動詞と一般動詞があってそれぞれ規則が違うのです。さらに，代名詞の格変化や単数・複数の区別など，様々な概念の違いが初期の段階から次々と押し寄せてきて，オーバーヒートしてしまいます。

テストで点数が取れない

　定期テストで点数を取れないことが，「英語が苦手」の決定打となります。定期テストの点数が，本人にとって「わかる」「わからない」の大きな判断基準となります。テストの内容は授業でやっていることと必ずしも一致せず，中学生たちは会話活動でいくら褒めてもらっていても，テストの点が悪ければ期末の成績は低く評価されるということを経験として知ってしまっているのです。テストにおいては，単語レベルではdelicious や bridge などの綴りにくい単語がわざわざ出題されたり，文法操作や語順並び替えの問題では文法操作の「正確さ」が問われます。また，（　　）に適語を入れる問題では，under や about のような短い単語であっても正しく綴れなければ正解とはなりません。リスニングテストでさえも，「解答を英語で書きなさい」という問題もあり，それでは答えがわかっても正解することができません。英語のテストで点数を取るためには，確実に身につけていなければならないのです。苦手な子供たちはその要求水準の高さに，乗り越えようという意欲を保ち続けることができなくなります。

まとめ

　　小学校英語が教科化されることになり，小学校は英語の初期指導のとても大切な部分を担うことになりました。新学習指導要領では be 動詞や一般動詞の肯定及び否定の平叙文，疑問文，疑問詞で始まる疑問文など，文法の骨子とも言える部分が中学校から小学校に移行されました。また，単語も小学校で600～700語を扱います（現在は中学校３年間で1200語です）。すべてを教え込まなくてもよいとは言われていますが，中学校でこれらの上に積み上げられることを思えばそうそう軽くも扱えません。何をどこまで教えればよいのかについてはまだ正解はなく，実践の中でこれから積み上げていくしかありません。

　そのような中，今，確かなこととしてお示しできるのは，中学校で英語につまずいている子供たちは，まず英語の音声化ができないところから授業に参加できなくなっていくということです。小学校では，まず「英語を読む力」の土台を築くことから始めてください。そのためには，第２章で紹介している「音韻認識力」「音韻操作力」の獲得につながる活動から，時間をかけて段階的に取り組んでください。「英語を読む力」は「英語を書く力」につながっていきます。そうなれば，中学校での英語学習でのつまずきが軽減されることは間違いありません。また，子供たちが，「新しい言語」を自然に受け入れるために，小学校でこんな活動をやっていてくれたらいいなという思いを込めた活動例も紹介しています。子供たちの実情に合わせて，楽しみながら取り入れていただけると嬉しいです。

(三木 さゆり)

CONTENTS

第1章

\どの子も置き去りにしない!/
はじめての「小学校英語」
つまずかせない
指導のポイント

第2章

\どの子も置き去りにしない!/
苦手さのある子もつまずかせない
〈学びはじめ〉の
サポートアイデア

STEP 1
「音韻表象」

＼ どの子も置き去りにしない！ ／

はじめての「小学校英語」

つまずかせない
指導のポイント

　プロローグをお読みになって，目の前の子供の顔を思い起こされた読者の方もいらっしゃるのではないでしょうか。アルファベットが読めない，書けない，単語になればなおさらのことで，中には単語を音にしてもらえば意味とつながるけど，などといった子供がいませんか？　英単語が覚えられないから，英文を読むことにも時間がかかるし，英作文なんて苦行でしかない，といった子供がいませんか？

　そういった子供の中には，「自分は，記憶力が悪いから仕方ない」「記憶力を高める練習をしなければ」と思い込んでいるケースがとても多いです。

　英語学習における難しさは，単純にこういった「記憶」に関わる問題なのでしょうか？

　実は，記憶力以外に重要な問題があるのです。教える側も学習する側もお互いに，そもそもの「英語と日本語の違い」や「英語学習の難しさにつながる可能性のある事柄」を知っていると対策も立てやすくなり，学習が少し楽になるかもしれません。では，こういった事項について具体的に見ていきましょう。

point 1　日本語と英語に大きな違いがあることを知る

　英語は，インド・ヨーロッパ語族のゲルマン語派の1つで，ドイツ語やオランダ語と同じルーツを持つ言語です。一方，日本語は，その系統がいまだ不確定な言語で，同じルーツを持つ言語などについては，様々な研究がなされています。いずれにせよ，英語と日本語は，使用されている地域や言語の特徴から見ても，距離が遠いと考えられます。この2つの言語の間には，次のような違いがあり，こういった違いが，ある学習者にとって，英語学習を難しくさせる要因となる場合があります。

まず，音の単位の違いです。次の英単語を発音してみてください。
"dog"　/d//ɔ//g/ の３つの音素からなります。

　それに対して，日本語の「犬」は，「い・ぬ」　/i/ /nu/ と発音します。このように，音の単位が英語は日本語より小さいことがわかります。日本語の平仮名や片仮名は，「ぬ」のように，音節をそのまま１つの文字として表記する文字で，音素が基本である英語とは異なります。一般的には，日本語における仮名のように，音の単位が小さいほど言語としては複雑な音韻体系となると言われ，その分学習も難しくなります。

　実は，小学校３年生で始まるローマ字学習にも，これに関わる難しさがあります。日本語の平仮名や片仮名を学習してきた子供は，ローマ字を習う際に，母音の「あ・い・う・え・お」以外の文字が２つ以上のアルファベット文字で表記される（例：ka, ki, ku, ke, ko）ということに戸惑います。何の説明もなく，「か」は "ka" と提示されるローマ字表を見るだけでは，自力でその法則を帰納的に整理することは難しい作業となります。国語の教科書に掲載されるローマ字表ですが，その表示の仕方と導入には，十分に留意する必要があります。あくまでも，ローマ字は日本語を外国語であるアルファベット文字を使って表記する方法である，ということで，本来異なる言語を使って表現するということを理解しておくべきでしょう。大きな単位を使う文字を小さな単位を使う異なる種類の文字で表記すること，とわかっていると，「か」が "k＋a" という「子音＋母音」になること，とつながりやすくなります。

　次に，文字・書記素の違いに関するお話です。英語の文字であるアルファベットは，その文字一つ一つには意味はなく，音を示すだけの表音文字です。一方，日本語には，漢字，平仮名，片仮名の３種類の文字があります。そのうち，漢字はその形から意味がわかる表意文字です。平仮名，片仮名は漢字から形を変化して作られた表音文字です。漢字は，音にできなくてもその文字を見るだけで，意味が連想される特徴がありますが，平仮名と片仮名は，アルファベットと同様に音を表す文字です。

では，アルファベットと平仮名，片仮名の違いはどういったことでしょうか？ それは，言語の「透明性」（Wydell, 2003）に関することになります。

英語の単語の中に出てくる /a/ は，幾通りにも発音されます。"apple" の "a"，"make" の "a"，"saw" の "a" は，同じ "a" でありながら異なる発音となります。一方，日本語の場合，「あ」は，どこにあっても常に同じ発音となります。この場合，英語は日本語よりも「透明性が低い」と言え，一般的に「透明性の低い」言語ほど，読み書きの問題が表れやすいと言われています。よって，小学校5年生までの日本語の平仮名や片仮名を使った学習では困難が表れなかった学習者が，英語学習が始まった途端につまずいてしまう，というケースが起こりうるのです。もし，英語学習が始まる前に，文字の読み書きの難しさがあることがわかっていれば，英語学習への橋渡しもうまくいく可能性が高まります。

統語の違い
SVO と SOV

英語の学習が，音や文字の段階から進んでいくと，統語の段階となります。いわゆる単語の並べ方の問題となります。日本語は，「私は，リンゴが好きです。」というように，主語，目的語，動詞の順番に並びます。それに対して，英語は，"I like apples." と，主語，動詞，目的語とつながります。日本語には助詞があり，その助詞のおかげで文の中での位置が違っても働きが理解されます。次の2つの日本語文を読んでみると，どちらも「私は，リンゴが好きです。」という内容を伝えていることがわかります。

「私は，すきです。リンゴを。」
「好きです，リンゴを，私は。」

ところが，英語の場合，単語の並び方と位置が伝える意味において大きな役割を演じています。このことを意識しておかないと，日本語の柔軟性のある統語の感覚で英語を使うと伝わらない，ということも十分に起こりうるのです。

point 2 音韻意識に目を向ける

　音韻意識が言語学習には重要である，と言われていますが，その理由は次に説明する３つの事柄に関係します。

情報処理過程　私たちは，外界にあふれている情報をどのように認知し，理解しているのでしょうか？　身の回りにある文字情報，聴覚情報，絵画情報から，私たちは情報を理解して生活を営んでいます。

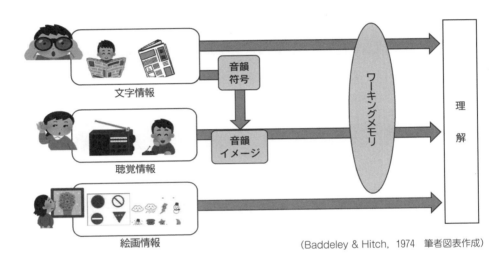

(Baddeley & Hitch, 1974　筆者図表作成)

　例えば，新聞を読む時を思い出してみてください。私たちは，必ずだれかの声で文字を音にしています。これを音韻符号化と言います。この音韻符号化を経て，理解の過程へと進んでいきます。文字情報は，漢字のようにその形を見れば意味が理解されるといったものや，かなり頻繁に使う文字情報で一見してすぐに理解できるようになっている文字でない限り，私たちは必ず一度，音に直しています。この音韻符号化なくしては，理解の過程へとつながりません。よって，音韻符号化に必要である音韻意識という能力は，非常に重要なものと言えます。

記憶のメカニズム　「単語が覚えられません」という悩みは，英語学習につまずく学習者からよく相談されます。そして，そういった学習者は，「自分には暗記力がない」，「自分はバカなんだ」などと，悲観的になります。しかし，単語が覚えられないという背景には，改善の可能性のある記憶のメカニズムが関係しています。

そして，その記憶のメカニズムにおいても，音韻意識は非常に重要な役割を果たしているのです。

（船橋，1995　筆者図表作成）

　例えば，April という単語を覚えようとする際，私たちはまず，April を音にする（「記銘」）ことができなければ次のステップへと進めません。April を /eipril/ と音にできたら，次はそれを頭の中に蓄えておくというステージになります。このステージがいわゆる「貯蔵」と呼ばれる段階です。学習者の多くは，覚えられないということを「貯蔵」ができないと考えていますが，実は「貯蔵」する前の音に直す作業である「記銘」ができなくては，「貯蔵」ができないのです。

　例えば，次の英語を２秒見て，覚えてください。そして，５秒後に発話してから書いてみてください。

　　① car

　おそらく，何の問題もなく発話できたと思います。では，次の単語はいかがでしょうか？　同じようにやってみましょう。

　　② سيارة

　いかがでしたでしょうか？　これはアラビア語で「車」という意味の単語です。アラビア語をご存じの方は，①の car と同様に問題なく発話して書くことができたかもしれませんが，アラビア語をご存知でない場合，アルファベット文字に疎い学習者と同様のストレスがかかっていたと思います。音にできない文字は，記憶のメカニズムの過程にあげることもできないのです。そしてさらに，貯蔵してあるところから，適切なタイミングで引っ張り出すことができて初めて「記憶ができている」ということになります。よって，「単語が覚えられない」と一言で言っても，単語を音に直すところでひっかかっているのか，頭の中にキープすることができにくいのか，または貯蔵されているところから引っ張ってくることに問題があるのか，どの段階でつまずいているのかを見極

める必要があります。いずれにせよ，ここで述べた「記憶のメカニズム」においても，音韻意識は非常に重要な役割を果たしていることがわかります。

言語学習
適正能力 ★

第二次世界大戦時，米国では通訳養成のために，言語適正テストの開発が進められました。ごく短期間に，外国語をマスターするためにどのような教授法が適しているかという研究の他に，外国語を習得することに長けた能力を持つ人材を集めることが必要であったため，言語学習適正能力の研究も進められ，このテストが開発されました。その後，戦後になって，Carroll & Sapon (2002) によって現代言語適性テスト（MLAT：Modern Language Aptitude Test）が開発されました。このテストでは，言語を学習するうえで優位な能力として以下の4つが挙げられ，この4つの能力を測定するテスト内容となっています。

①音韻符号化能力	：文字を音に直す力，音と文字の関係を理解する力
②文法に対する敏感さ	：単語の並び方や文中での単語の働きなどを理解する力
③暗記学習能力	：機械的に暗記する力
④帰納的学習能力	：自分で法則づけする力

ここでも，①音韻符号化能力は，言語学習適正能力の1つとして挙げられています。実際，筆者が高校生215名を対象に行った英語力調査においても，すべての学習者の中から英語力の高い学習者を見ると，顕著に抜き出ている能力は，①の音と文字の関係を理解する力に関与するもの（Ⅲ）でした。以下に実際の調査に用いた MLAT を参考とした評価内容を抜粋しております。

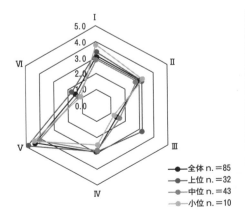

全体 n.＝85
上位 n.＝32
中位 n.＝43
小位 n.＝10

Ⅰ	記憶力：音声提示された架空の記号を数として記憶し，再生された記号の数を答える。
Ⅱ	文字の視覚・聴覚提示：4つの語が1グループとなっており，4つのうち再生された1つを答える。
Ⅲ	**音韻認識力**：間違って綴られている単語を読み，正しい綴りを推理して，意味を答える。
Ⅳ	文法分析力：例文中に下線が引かれている単語と同じ働きの単語を選ぶ。
Ⅴ	記憶力：視覚提示されている未知の単語群を暗記し，その後再生された単語の意味を選択する。
Ⅵ	音声認識力：音声提示された単語を綴り，意味を答える。

point3 音韻表象の定着から文字導入への順序を大切にする

　日本における英語教育は，「何年学習しても，話せるようにならない，上達しない」と批判を受けてきました。筆者個人的には，これまでの日本における英語教育のすべてが非難されるべきとは，決して考えません。文法訳読式や暗記が重要視される学習方法にすべての非が負わされるべきであるとも考えません。ただ１つ言えるのは，今，多くの研究者が指摘するように，日本の英語教育において，英語らしい音をしっかりと習得させる前に文字を導入していることが英語学習をより難しくしている点は，改善すべきであろうと考えます。

言語の獲得　母国語を習得する際，人は誕生時点からまず周囲の人たちからの母国語の音のシャワーを大量に浴びます。この言葉の大量の入力により，頭の中に音のイメージができあがります。その頭の中の音のイメージを口にするところから試行錯誤を通してはっきりとした音となり，就学後，その音に文字が乗せられていきます。まずは，音韻表象がしっかりと頭の中に出来上がっていることにより，文字の導入，文字学習も容易になっていきます。ところが，この前もった音韻表象の定着がなく，音韻表象の入力と文字入力がほぼ同時に行われているのが，今までの中学校で始まる日本の英語教育であったように考えます。

　よって，小学校３年生から始まる英語活動においては，４年生までの２年間でしっかりと英語の音韻イメージを定着させることができる活動をどれだけできるのかが，５年生から始まる教科としての英語学習，さらには，中学校で始まる高度化された英語学習にスムーズにつなげていける鍵となるように思われます。

文字の獲得 さて，音韻表象が定着した後に，文字はどのように獲得されていくのでしょうか。文字獲得にはいくつかの段階があると言われています。

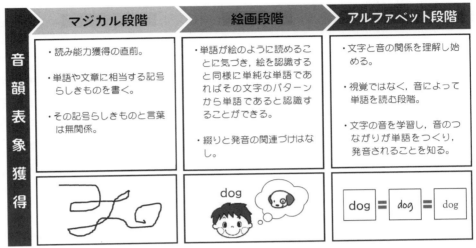

	マジカル段階	絵画段階	アルファベット段階
音韻表象獲得	・読み能力獲得の直前。 ・単語や文章に相当する記号らしきものを書く。 ・その記号らしきものと言葉は無関係。	・単語が絵のように読めることに気づき，絵を認識すると同様に単純な単語であればその文字のパターンから単語であると認識することができる。 ・綴りと発音の関連づけはなし。	・文字と音の関係を理解し始める。 ・視覚ではなく，音によって単語を読む段階。 ・文字の音を学習し，音のつながりが単語をつくり，発音されることを知る。

（今井，1980 筆者図表作成）

　音韻表象の獲得後，頭の中にある音韻イメージを記号として表出しようとする段階が「マジカル段階」である，と言われています。この段階では，子供が殴り書きをしますが，その殴り書きされたものと言葉の間には何ら関係はありません。次の段階である「絵画段階」では，単語と音の間に何かしらの関係があるということに気づきますが，その単語は絵として捉えられていて文字としては理解されていません。よって，同じ形の文字で書かれていない単語の場合，同じものと理解されません。次の「アルファベット段階」では，文字の形が同じでない場合でも同じ文字であると理解されて，文字を文字として捉えることができるようになります。この段階を経てようやく正書法の段階となり，文字を書くことができるようになります（小池他，2003）。

　ここで重要なことは，英語の文字であるアルファベットにも音があることをしっかりと理解することです。そして，さらに重要なことは，「A－エイ，B－ビィ，C－シィ…」というアルファベット読みではなく，フォニックスの知識を知ることです。"A"には，apple，make，saw というように，いくつかの音があることを知って，慣れていくことです。

音韻操作
音素・音節・
モーラ・オン
セットーライム

　音韻意識を高めるための活動として，フォニックスの指導や音韻操作を伴う活動があります。その際に，理解しておきたいことがあります。

〈音素〉

　音素とは，言葉の音の最小単位です。例えば，「たす（足す）」と「かす（貸

す）」を比較してみましょう。

た　す（足す）		か　す（貸す）	
<u>t</u>a　su		<u>k</u>a　su	

　この２つの単語を区別できるのは，平仮名文字単位で考えますと「た」と「か」ですが，音素単位で考えますと /t/ と /k/ の違いです。実際に，「足す」と「貸す」を音声言語として聴いた際，/t/ と /k/ の２つの音素の違いが聴き取れないと，意味が理解できません。英語に比べて，音の単位が大きいとはいえ，実は音素レベルの違いが聴き取ることができないと，言葉の学習にも影響を及ぼします。

〈音節〉

　音節とは，１つの母音を中心とした音のまとまりで，典型的には以下の４つの種類がありますが，音節の形は言語によって異なります。

　　・母音
　　・子音＋母音
　　・母音＋子音
　　・子音＋母音＋子音　（子音が連続する場合もあります。）

　例えば，日本語の平仮名，片仮名の１文字は，「あいうえお」は母音であり，それ以外のカ行からワ行までは，子音＋母音の音節です。英語では，英和辞書を開くと，単語が「・」で区切られています。この区切られた一つ一つが音節となります。

li・brar・y	/láɪ・brər・i/
①　②　　③	
① li ＝子音＋母音　　② brar ＝子音＋子音＋母音＋子音　　③ y ＝母音	

　英語の strike（/straik/）という単語は，「s（子音）＋ t（子音）＋ r（子音）＋ i（母音）＋ ke（子音）」で，"i" を中心として子音が並ぶ１音節ですが，日本語の「ストライク」（sutoraiku）は，「ス（su）＋ト（to）＋ラ（ra）＋イ（i）＋ク（ku）の５音節です。日本語の場合，「あ，い，う，え，お，ん，っ」を除くすべての平仮名と片仮名の１文字は，「子音＋母音」の１音節です。この音節の形の違いは，日本人の英語発音の「ローマ字読み」の原因の１つでもあります。

〈モーラ〉

　日本語を母国語とする我々が，日本語における音を数える際に無意識に単位としているのは，モーラ（拍）と呼ばれる単位です。これにより，俳句や短歌などの文字音を数えています。音節とモーラ，音素を比較してみましょう。

単語	音節	モーラ	音素
ねこ（猫）	ネ/コ	ネ/コ	n/e/k/o
ねっこ（根っこ）	ネッ/コ	ネ/ッ/コ	n/e/kk/o
チョコレート	チョ/コ/レー/ト	チョ/コ/レ/ー/ト	ch/o/c/o/l/a/te
しんぶんし（新聞紙）	シン/ブン/シ	シ/ン/ブ/ン/シ	sh/i/n/b/u/n/sh/i

　日本人は，このモーラで音を区切ることに慣れていますので，英語学習に入る際に，音素の意識を芽生えさせておくことが有効です。ローマ字を指導する際にも，音素に関しての日本語と英語の違いを常に意識させるようにすることをおすすめします。

〈オンセット－ライム〉

　音節は，母音の前の子音（群）であるオンセットと，母音とその後の音（群）の連鎖であるライムに分けられます。以下のように，オンセット－ライムを使って英語の音素の連鎖に慣れることは，前述した英語の音韻表象（音のイメージ）を習得するのに有効な手立てです。

　　-at（ライム）：c-at, s-at, p-at, b-at, r-at（前半がオンセット）
　　-ay（ライム）：r-ay, p-ay, s-ay, d-ay, tr-ay, pl-ay, cl-ay
　　　　　　　　　　　　　　　　　　　　　　　　（前半がオンセット）
　　-end（ライム）：s-end, b-end, t-end, sp-end, tr-end, bl-end
　　　　　　　　　　　　　　　　　　　　　　　　（前半がオンセット）

　また，フォニックスなどでいきなり最小単位の音素の学習に入ることが難しい場合，このオンセット－ライムを使って，単語を２つに分解する意識から高めていくことも負担の少ない指導となります。

point 4　小学校と中学校での英語学習の段差に配慮する

　小学校と中学校の英語教育の連携は，このたびの英語教育改革においても大きな柱となっております。小学校，中学校それぞれにおける英語教育関係者が，それぞれの教育機関で実施されている学習内容を把握，理解することが重要で

あることは言うまでもありません。ですが，実際には，小学校における英語活動では，中学校以上の教育機関で教える英語教員の予想をはるかに超える内容の学習が進められていることはあまり理解されていません。

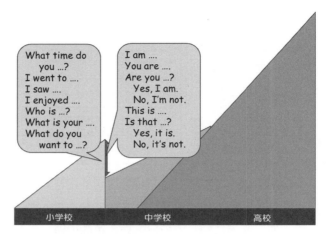

英語学習における小学校と中学校のギャップ

　上に示す通り，小学校卒業時点で，音声言語での学習が中心とは言え，かなり高度な学習内容が習得されています。ところが，中学校1年生の英語の教科書は，同じく上記の通り，かなり難易度の低い学習内容から始まっています。では，中学校の英語学習は，どの子にも簡単な内容であるのかと言いますと，現実は異なっています。音声言語では，確かに内容的には簡単なものであっても，中学校での英語学習では，文字が読めて，書けて当然であるという前提でスタートすることが多く，文字言語では難易度は逆に上がると言えます。よって，中学校1年生において，まずは文字と音の関係を再度復習することにしっかりと時間をとることが望まれます。または，新学習指導要領における小学校3・4年生での外国語活動と小学校5・6年生での教科としての外国語科において，文字と音の同定をしっかりと進めて，中学校につなげていくという連携がその後の英語学習によりよい影響を与えていく可能性は大いにあります。以下に示す3種の英語力を意識した指導案づくりも必須です。

内的英語力	音		文字		単語	文法・統語
運用的英語力	聴く	話す やりとり	話す 発信	読む		書く
実践的英語力	談話的スキル			社会言語的スキル		

第１章では，英語学習のつまずきの原因となりうる事柄について述べてきました。もちろん，これだけに限らず，学習者要因とも重なり合って，様々な特性が英語学習の難しさにつながる可能性がありますが，学習過程において認知が関係することを理解し，そういった視点で学習を観察することで，むずかしさを少しでも緩和する方略が見つかるかもしれません。

　第２章では，音韻表象，文字，単語，文法，話す力，やりとりする力，書く力といった７つの段階を設定し，それぞれの段階において，学習者の認知の優位さと秀でた知性を利用できる学習方法，指導方法の具体例を挙げています。

〈参考文献〉
・Aslōhan Emirmustafao & , Dilek Uygun Gökmena, The effects of picture vs. translation mediated instruction on L2 vocabulary learning, 2015.
・Carroll, John B. and Stanley Sapon. Modern Language Aptitude Test, Second Language Testing, Inc., 2002
・JP.Das, Reading Difficulties and Dyslexia: An Interpretation for Teachers, SAGE Publications, 2009
・Wydell, T.N, Dyslexia in Japanese and hypothesis of granularity and transperancy, 2003
・船橋新太郎，「学習と記憶のメカニズム」，電気学会誌，115巻，12月号，pp.778-781，1995
・今井靖親，幼児における文字の弁別と読みの模写，奈良教育大学紀要，29(1)，pp219-228，1980
・小池敏英，雲井未歓，窪島務，『LD児のためのひらがな・漢字支援―個別支援に生かす書字教材』，あいり出版，2003
・飯島睦美，「なぜ彼らは，英語が苦手なのか―簡易的英語学習適性検査開発の試み―」，第39回全国英語教育学会北海道大会，2013.
・飯島睦美，「英語学習者の英文読解における音韻意識の果たす役割－聴覚障害学生とディスレクシア傾向の学習者への指導より―」，関東甲信越英語教育学会第41回新潟研究大会，2017.
・今井むつみ・針生悦子，『言葉をおぼえるしくみ　母語から外国語まで』，ちくま学芸文庫，2014.

（飯島 睦美）

第 2 章

＼どの子も置き去りにしない！／

苦手さのある子もつまずかせない

〈学びはじめ〉の サポートアイデア

英語の音の
イメージを育てる

point 1 日本語と英語の音声的な違いに気づく

　小学校では英語の音声的な学びが中心となり，聞く活動ややりとり，発表などを行います。そして音声によるコミュニケーションから文字を用いたコミュニケーションを体系的に学習し，読める・書けるように段階的な指導が行われることが望ましいと考えられます。その最初の一歩は，「日本語とはどこが違うか」を子供に実際に体験を通して気づかせることでしょう。英語と日本語では音節感覚が違います。例えば「ブックストア」という単語は，日本語では「ブ・ッ・ク・ス・ト・ア」のように6音節になりますが，英語では book/store と2音節になります。また，英語の単語にはアクセントがあり，water が「ウォー・ター」ではなく「ワラァー」のように聞こえます。小学生にとってこうした音声の違いは，実際に比べてみると「あっ，ここが違う！」と気づきやすいものです。体験を通して十分に試行錯誤させながら，英語の音声的な感覚を身につけていきましょう。

point 2 様々な音韻の単位に気づく機会を持つ

　英語と日本語の音声的な違いを段階的に身につけていくために，指導者に知っていてほしいことに「音韻の単位」があります。日本語は，日本語音節（モーラ）が，仮名文字に対応しています。英語は，単語の中に，音節，オンセットーライム，そして音素が含まれています。母語であればある程度自然に発達していきますが，外国語として英語を学ぶ日本人にとって英語の音韻感覚は自然に身につきにくいため，明示的な指導をすることがポイントになります。

　小学校では，単語の単位をしっかり聞くことから始め，絵や歌でライミング遊びを行ったり，単音節の単語の母音から前の部分（オンセット）と後ろの部分（ライム）に進み，さらに音素の単位へと進むと「大きな単位から小さな単位へ」と段階的に子供の聞く力（単語を分析的に捉える力）を育てていくことができるでしょう。また，高学年でアルファベットの音読み（おとよ）の指導を行う場合，

音素感覚の指導は相乗効果が期待できます。

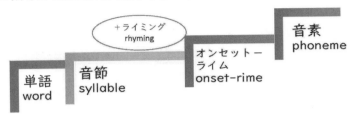

 point 3　**音韻認識の３つのステージを体験させる**

　　近年，聴く力そのものが弱い子供が増えているようです。音声情報に「耳を澄ます」ことは言葉によるコミュニケーションの基本の力です。次の３つのステージで子供の聴く力を育てていきましょう。

ステージ 1
耳を澄ます
（よく聴く）

　　ここではしっかり集中して音を捉える段階です。正解，不正解というよりは，「どのように聴こえるか」を各自で考え，「こんな風に聴こえた」とお互いに伝え合ったりすることが大切です。

ステージ 2
違いに気づく

　　ここでは「同じかな，違うかな」という問いかけによって，これまで曖昧だった細かな音声の違い（例：英語と日本語の音節など）に気づく段階です。「気づき」には個人差があるため，すぐにわかる子や時間のかかる子がいます。そのため１回だけで終わらせず，言葉遊びとして繰り返し授業の中で触れながら，どの子にも「違いがわかる」ように育成することが大切です。

ステージ 3
音を操る

　　ターゲットとする音韻の気づきが得られれば，「操る」活動も取り入れます。音韻の操作で最も基本的なものは「ブレンディング（つなぐ）」，「セグメンティング（分ける）」の２つです。これもそれぞれの音韻単位の段階で操作練習ができます。子供への問いかけは，「つないだら，何になるかな」（ブレンディング），「いくつに分けられるかな」（セグメンティング）などです。例えば音節のブレンディング例として「よく聴いてね。Cho-co-late. つないだら，何になった？」「Chocolate!」のように，単語の音節や音素を単位ごとに子供に提示して，つなぐという操作をさせます。ポイントとしては，音韻意識活動では文字は一切使わないことです。しっかり頭の中に音声を保持して操作させることが重要です。

（村上 加代子）

日本語と英語の音節の違いに気づく
いくつあるかな

| 学習形態 | 全体・個別 | 対象 | 小学校3年生〜 |

| 使用技能 | 聴く |

日本語とは異なる英語の音節感覚を身につける最初の段階として，日本語と英語の単語を比較し，リズムが違うことに気づかせるようにする。

概要　日本語と英語のリズムの違いに気づかせることが目的です。はじめに「単語に音はいくつあるかな」と日本語のリズムで考えさせ，次に英語ではいくつになると思うかを ALT の発音等を聞いて子供たちに考えさせます。「違う」という気づきが得られることが大切です。

準備　①日本語を話す人の代表として，子供に馴染みのある日本のキャラクター（あるいは先生の似顔絵など）と，英語を話す人の代表として英語圏のキャラクターのイラストを1枚ずつ用意します（例：桃太郎とピーターパン）。
②アイスクリーム，グレープフルーツの2枚の絵を用意します。

学習の流れ　❶黒板に日本のキャラクター（仮に Taro）と英語圏のキャラクター（仮に Peter）のイラストを提示し，名前を紹介します。

Ⓣ（日本のキャラクターをさして）He is Taro.　He is Japanese.　He is from Tokyo.

（英語圏キャラクターをさして）He is Peter.　He is from England.

❷アイスクリームの絵を提示し，音の違いを聴かせます。

ⓉDo you like ice cream?（子供たちに問いかける）

Ⓒ好き〜。Yes!（など）

ⓉTaro くんも言っていたよ。「アイスクリームが好き」って。Peter も，"I like ice cream." って言っていたよ（ice cream は英語らしく言う）。
あれ？　いま，Taro くんと，Peter くん，違う風に言っていなかったかな？
Taro くんはこの絵（アイスクリームをさして）なんて言っていた？

Ⓒアイスクリーム！

⒯Peter くんは，なんて言っていた？

ⒸIce cream!

T そうだね，違うね。じゃあ Taro くんが言った「アイスクリーム」のリズムはいくつあるか，わかるかな。リズムの数を数えてみて。（少し待つ）じゃあ，一緒に数えてみよう。ア・イ・ス・ク・リ・ー・ム（手を叩きながら一緒に数える）いくつになった？

C 7つ！

T Very good. じゃあ，Peter くんの Ice cream のリズムはいくつかな。Ice-cream, ice-cream.（少し左右に揺れて体でヒントを出しながら何度か ice cream を言って聞かせる）

C 2？？

T Ice-cream. そう，2だね。（Peter の絵の下に○を2つ描く）じゃあ，2人の大好きな次の食べ物を紹介するよ。（グレープフルーツの絵を出して）They like grapefruits.

C Grapefruits.

T Taro said, グレープフルーツ. リズムはいくつかな？　みんなで数えてみよう。（子供たちは各自考える。答えはグ・レ・ー・プ・フ・ル・ー・ツで8つと数えて，Taro の絵の下に○を8つ描く）。Peter said, grapefruits, grapefruits. さあ，いくつのリズムかな？（grape-fruits, grape-fruits とゆっくり繰り返しながら，体を左右に揺らしてヒントを与える）

C 2？

T That's right! grape-fruits. 2だね。（Peter の絵の下に○を2つ描く）Taro くんと Peter くん，同じ単語だけど日本語と英語では，リズムがどんな風に違うかな？

C （子供たちはそれぞれに思ったことを言う）

T そうだね！　じゃあ，もう一度日本語のリズムと，英語のリズム，両方言ってみよう。英語のリズムを言う時は，足でドンドン！ってしてみよう。（または，grape〈頭タッチ〉－ fruits〈肩タッチ〉で体をタッチさせる）

指導の
ポイント

●この活動では，音声だけで英語と日本語のリズムに着目させます。そのため，日本語ではいくつのリズムかを考えさせますが，母語なのでほとんどの子供が正解します。英語のリズムはほとんどの子供が首をかしげますが，この段階ではそれで十分です。「英語の方が少ないんだ！」ということに気づき，「同じリズムかな，違うリズムかな」と考えたり，「自分で音節を分ける」次のステップへと進みましょう。言うだけでなく体を動かすのもポイントです。

（村上 加代子）

言語　論理数学　音楽
身体運動　**2**　空間
対人　内省　博物

英語の音節を操作することができる①
絵カードで音節神経衰弱

| 学習形態 | 全体・個別 | 対象 | 小学校3年生〜 |

| 使用技能 | 聴く・話す |

英語の4音節までの単語を聞いて，自分で音節ごとの仲間分けができるようにする。2枚のカードを選び，その音節を数えて同じか違うかを考える。

概要　　英語の1音節から4音節までの単語の音節が自分で分けられるようになることが目的です。2つの単語を比べて「同じリズムかな，違うリズムかな」と自分で考える体験を繰り返すことで，音節感覚が養われていきます。遊び方は神経衰弱と同じです。

準備　　子供に馴染みのある絵カードの中から1音節〜4音節のものを同じ数ずつ用意します（下の単語を参照）。黒板にカードを貼っておくためのマグネット（カードの枚数分）もあるとよいでしょう。

1音節の単語例

cat, dog, fox, ball, fish, red, black, brown, pink, March

2音節の単語例

monkey, spider, pizza, soccer, dodgeball, yellow, purple, April, August

3音節の単語例

elephant, banana, gorilla, basketball, volleyball, September, October

4音節の単語例

February, January, motorcycle, elevator, helicopter, alligator

学習の流れ　❶すべての絵カードを子供と復唱しながら，How many rhythms?（いくつのリズム?）と問いかけ，子供の答えを促します。一緒にカードの数を数えます。その際，体を使ってしっかり音節を感じるようにします。

❷カードをすべて裏面にして黒板に貼ります（場所はなるべくバラバラにする）。クラスを2〜3チームに分け，ルールの説明をします。

🅣これから神経衰弱をします。同じリズムの単語だったら，チームの得点になります。(We are going to do the "memory game". If two cards are the same rhythms, your team can get one point.）

❸チームから１人が前に出てきて，カードを１枚めくります。（dog の絵が出
たとする）

Ⓣ How many rhythms?

チーム One! One!（チームの子供全員が考えて答える）

Ⓣ じゃあ，もし次も One の単語が出てきたらポイントになるね！One! One!
（と応援しながら，もう１枚カードをめくらせる）

Ⓣ How many rhythms?（basketball の絵が出たとする）

チーム Two? Three??

Ⓣ 一緒に数えよう。bas-ket-ball.３だね。残念！

❹次のチームと交代します。

指導の
ポイント
●一般的に単語は長くなるほど難しくなり，子供によって捉え方の格差が生じ
ます。慣れ親しむ機会を増やすためにも３音節や４音節の単語もなるべく入
れるようにしてください。単語をめくるたびに「いくつのリズムか」を全員
（またはチーム）で確認しましょう。

確認方法１：アゴの下に手を置いて単語をゆっくり言うと母音で伸ばすため，
だいたい音節の数になります（体で確認する）。

確認方法２：頭，肩，腰，膝の順で１－２－３－４とリズムよく音節を言い
ながら発音します（体で覚える）。

〈参考文献〉村上加代子編著（2019）『目指せ！英語のユニバーサルデザイン授業』学研プラス

（村上 加代子）

英語の音節を操作することができる②
飼育員さんゲーム

| 学習形態 | 全体・個別 | 対　象 | 小学校３年生〜 |

| 使用技能 | 聴く・話す |

徐々に慣れてきた英語の音節感覚をゲーム（遊び）を通して定着させる。ゲームでは「同じ音節の動物と食べ物をマッチさせる」ことを目的とする。子供たちは一生懸命音節を数えようとする。

概要　英語の音節分けの操作がすらすらできるようになることが目的です。

　各グループは動物の飼育員として動物を１匹ずつ選びます。食べ物カードを引き，動物と同じ音節数であればエサとして与えることができ，ポイントとなります。個別で実施する際は，先生と子供で動物を１匹ずつ選んでください。

準備　動物カードを用意します（括弧内の数字は音節数）。

　bear（１），pig（１），monkey（２），penguin（２），elephant（３），gorilla（３）

　また，児童のよく慣れ親しんだ食べ物カードも用意します（下に示したもの以外でもよい）。

１音節　fish, milk, egg, corn, cheese, cake, bean, pea, grapes

２音節　cabbage, cherries, kiwi, cookie, carrot, pizza, apple, yogurt

３音節　potato, hamburger, cucumber, strawberry, broccoli,
　　　　pineapple, tomato, chocolate

学習の流れ　❶動物の絵カードを子供と復唱しながら，音節を一緒に確認します。

❷クラスを３〜４つのチームに分けます。それぞれのチームが動物カードを１枚ずつ選び黒板に貼ったら，ルールの説明をします。

🅣You are going to be a zoo-keeper. 今からみなさんは動物園の飼育員さんです。You take one card.（カードを１枚めくって見せる）

It's "carrot". Car-rot, car-rot. Two.（２音節だということを示す）If my animal is "monkey", carrot is two and monkey is also two.（両方のカードをさして，同じ数だと示す）So, you can feed him.（カードを monkey の下に貼る）But if my animal is "elephant", carrot is two, elephant is three.

So, you can't feed him.（ゾウは3で，ニンジンは2だからあげられない，ということをジェスチャーでも示す）Do you understand?

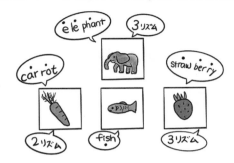

❸各グループから1人ずつ代表が出てきて，裏返しの食べ物カードを1枚取り，一斉にグループに見せます。先生は順番に答え合わせをしていき，食べ物の音節数と，動物の音節数が同じであれば，黒板に貼ります。

❹食べ物の音節数が動物の音節数と合っていなければ，カードを元に戻します。

❺次の代表に前に来てもらい，一斉にカードを引かせます（繰り返す）。最後に，どのチームが一番たくさん動物に食べさせられたかを確認します。

**指導の
ポイント**

●単語の音節数の確認方法は，「英語の音節を操作することができる①」の「指導のポイント」（p.33）をご確認ください。

●音節を小さい単位に分けることに慣れてくると，どんな長い単語でも分節できるようになっていきます。はじめは「2つかな，3つかな」と試行錯誤をするのですが，その時期を経なくては音韻感覚は育ちません。遊びとして繰り返してください。多少間違えても，正しい数を聞いてるうちに，自己修正をしていくようになります。

●音節遊びは新出単語でもできます。

（村上 加代子）

言語	論理数学	音楽
身体運動	**4**	空間
対人	内省	博物

オンセットーライム単位への気づきを促す
単語を分ける・つなげる

学習形態	全体・個別	対象	小学校3年生〜

使用技能	聴く・話す・慣れる

単語の頭の部分と胴体をつないだり，分けたりしながらオンセットーライムのブレンディングとセグメンティングの操作感覚を養う。

概要 　オンセットーライムのオンセットとは，単語の母音より前の部分です。母音から後ろをライムと呼びます。絵カードの音声のみを手掛かりにして，オンセットを切り分けたり，つなげたりの操作練習を行います。「動物を使うのはかわいそう」という場合は，2つに分けやすい野菜（例：大根，ニンジン）などの絵でもよいでしょう。

準備 　動物カードを用意します（例：pig, fish, sheep, cow, bear）。
　絵カードはほぼ同じ大きさにし，頭の部分で切り，2つになるようにします。後ろにマグネットを貼っておきます。

学習の流れ ❶動物カードをすべて黒板に掲示し，名前を確認します。

Ⓣ What's this?

Ⓒ Bear!

Ⓣ Good!

❷動物の頭をさして，最初の音素に気づかせます。その後，2つにカードを分けて前の音（オンセット）と後ろの音（ライム）を確認します。

Ⓣ（魚のカードをさして）This is a fish. What is the first sound of "fish"？ /f/…/ish/（と言いながら，頭の部分を胴体から離していく）

Ⓒ /f/！?

Ⓣ Right! （頭をさして）/f/…（胴体をさして）/ish/.（子供たちにも繰り返すよう促す）/f/，/ish/.

Ⓒ /f/，/ish/.

（他のカードも同様に，頭と胴体を分けていく）

❸黒板に頭のカードと胴体を離したまま，それぞれの音を確認する。

Ⓣ What's the sound?（fish の頭の部分をさして）

Ⓒ /f/.

Ⓣ What's the sound of this part?（fish の胴体の部分をさして）

Ⓒ /ish/.

❹すべての音を確認したら，頭とは違う胴体部分を貼り付ける（例：fish の頭の横に，pig の胴体を貼る）。全く違う動物になるので，動物の名前は何だろう？と問いかけ，オンセット部分の音と，ライム部分の音をつないで単語にする。

Ⓣ What's this animal? /f/…/ig/，/f/…/ig/.（繰り返しながらつなぐよう促す）

Ⓒ /fig/?（いろいろな答えが出てくる）

Ⓣ That's right! /fig/.

＊以下，他の動物も同じように違うパーツとつなぐ。

指導の
ポイント

●子供たちに自由に組み合わせを考えさせてもよいでしょう。新しい組み合わせをつくり，「どんな名前かな」と音をつなぐことが，ブレンディングの練習になります。

●子音と母音をつなぐ（例：/p/ と /ig/ をつなぐ）際に，もし子音の /p/ を /pi/ や /pu/ といった片仮名のように認識していれば，つないだ単語は「プイッグ」や「ポイッグ」となりがちです。そのため，お手本を示す際は，母音をつけないように説明し，子供にも真似をして発音するよう促します。

（村上 加代子）

言語　論理数学　音楽
身体運動　**5**　空間
対人　内省　博物

３－４音でできる単語を音素に分解できる
What's Changed?

学習形態	全体・個別	対象	小学校３年生～

使用技能　聴く・話す

トランプカードを視覚的な手掛かりとして，カード１枚を１音素として数える。３枚のカードは３音素でできた単語とする。先生がそのうち１音素だけを換えて言い，子供は「どこの位置のカード（の音）が換わったか」を当てる。

概要　文字を使わず，単語を聴いてどの位置の音素が換わったかを当てるゲームです。単語を２回繰り返し聴かせ，３回目に１箇所を別の音に換えます（例：dog を fog に）。カードが子供の視覚的な手掛かりとなり，位置に意識を向けることができます。最初の音だけでなく，真ん中の音，最後の音への意識も高めることができます。

準備　ペアで行います。ペアごとにトランプカード13枚を１セットとして用意します（ジョーカーは除き，トランプの数字の合計を得点とするので，よくかき混ぜておく）。

　　ペアごとに13枚あるので，10回は遊べます。前もって，どの部分をどのように換えて言うかは決めておくとよいでしょう。

３音素からなる単語の例（無意味語もあり）

① dog → fog → fig → fin → pin → pan → van → man → mat → met
② fish → dish → dig → dog → jog → jag → jam → sam
③ cat → rat → rap → rep → dep → deck → dock → lock → sock
④ cake → sake → soak → soap → rope → road

学習の流れ　❶まず，手本を見せます。黒板にカードに見立てた長方形を３つ描くか，実際のカードを裏向きに提示します。

Ｔ Look. What's this?（犬の絵を見せる）

Ｃ Dog!

Ｔ Right. It's a dog. How many sounds in the "dog"? Look at the card.（カードを１枚ずつ指さしながら）最初の音は何かな？

Ｃ /do/?　/d/?

Ｔ Right. /d/。

（/o/，/g/ も同じように「真ん中の音は？」「最後の音は？」と尋ねながら，カードをさしていく）

T （すべての音を確認した後）今から単語を2回言って，3回目に1箇所だけ換えるよ。どこの音が換わった？　よく聴いてね。Dog，dog，do<u>p</u>。

C 最後！　最後！

T そう！/d/，/o/，/g/ が /d/，/o/，/p/ になったね！（カードを1枚ずつさしながら音を確認する）/g/ が /p/ になったね。
じゃあ，次はどこが換わるかな？　/dop/，/dop/…/mop/！

C 最初！

T Good!　/d/，/o/，/p/ が /m/，/o/，/p/ になったよ。換わったのはどの音かな？　そう，/d/ が /m/ になったね。（カードをさしながら確認）

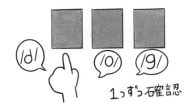

❷ 全員が進め方を理解したら，ペアごとにカードを13枚ずつ配付します。2人の間に3枚のカードを裏向きに並べさせ，残りのカードは山にして少し離れたところに置きます。換わった音がわかったら，そのカードを素早く取った人のものになります。

❸ 取られたカードの場所には，裏返しになっている山から1枚カードを補充し，次の単語を聴きます。（繰り返す）

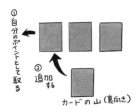

❹ 最後に自分の獲得ポイントを数えます。トランプを裏返してその数字を足した合計点の多い人が勝ちです。

指導の ★ポイント

● 低学年から高学年まで楽しんで参加できるゲームです。

● いきなり3音素の操作が難しいようでしたら，2音素（母音と子音）から始めると混乱せずにできるでしょう。このゲームは，実在する単語でなくても全く問題ありません。

（村上 加代子）

音素のブレンディングや セグメンティングができる
音ボタンを使って

| 学習形態 | 全体・個別 | 対　象 | 小学校5年生〜 |
| 使用技能 | 聴く・話す |

慣れ親しんだ単語に含まれる音素を確認し，音素の基本的なブレンディングとセグメンティングの操作がスムーズにできることを目指す。

概要　慣れ親しんだ単語を用います。これまで行ってきた単語の音声を1つの音声のまとまりとして捉える段階から，音素をしっかりと認識させ，「ブレンディング（つなぐ）」「セグメンティング（分ける）」操作をする段階へと進めていきます。視覚的手掛かりとして「音ボタン」を用いることで，音のイメージがぼんやりしている子供にも理解しやすくなります。

準備　1音節（母音が1つ）の絵カードを使います（絵の下には音素1つごとに丸を1つ描く）。絵カードにはなるべく文字がない方が望ましいので，文字部分を隠すか，絵の部分だけを見せてください（文字があると子供はすぐにローマ字のように読もうとします）。
　1回あたりの活動は2〜3分（カード10枚程度）で十分です。単語の復習や導入としても有効です。

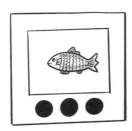

学習の流れ ❶**カードを子供に提示しながら発音します。（例：犬の絵を見せる）**

🅣Look. What's this?

🅒Dog!

🅣Right. It's a dog. Look at the card. これは音ボタンです。
　ボタンを押しながら言ってみるよ。/d/…/o/…/g/, /dog/!

🅒/d/…/o/…/g/, /dog/!

❷**同様に次のカードを見せます。**

🅣What's this?

🅒Cat!

🅣（ボタンを押しながら）/c/…

🅒/a/!（口々に次の音素を言う）/t/!

🅣Right. /c/,/a/,/t/. /cat/. 一緒に言いましょう。

🅒/c/, /a/, /t/, /cat/.

指導の ポイント ●音ボタンの数は，文字ではなく音素の数に合わせます。注意ポイントとして，文字の数と音素の数は必ずしも一致していません。例えば，soap は4つのアルファベット文字でできていますが，3つの音素（/s/,/ou/,/p/）でできています。また，fox は3つのアルファベットですが，音素は4つ（/f/,/o/,/k/,/s/）になります。

●本活動は「読ませる」ことが目的ではなく単語に含まれている音素への気づきがポイントです。ボタンを押しながらしっかりとそれぞれの音素を意識させましょう。

● What's Changed? との違いは，絵カードがあることです。音声と意味の定着も図ることができ，語彙の復習になるだけでなく発音やリスニングも向上します。

●音ボタンは1つずつ，ゆっくりと押しながら発音しましょう。スピードが速いと聞き取れない子供が出ます。

（村上 加代子）

言語　論理数学　音楽

身体運動　**7**　空間

対人　内省　博物

単語単位での音韻認識力を養う

チャンツで替え歌づくり

学習形態	全体	対象	小学校3年生～

使用技能	聴く・話す・書く・慣れる・覚える

音声で慣れ親しんだチャンツの内容を，絵カードなどの視覚情報の助けを借りて理解しながら，パターンとして把握し，単語や表現を入れ替えてオリジナルのチャンツをつくることで，単語単位での音韻認識力を養う。

概要　チャンツの指導では，流れてくる音声をそのままリピートして言えるようにすることが多いと思いますが，音声情報だけではなく絵カードなどの視覚情報の助けを借りてその内容を把握することで，チャンツのパターンを理解し，言いやすくなることがあります。文の中での各単語の存在や役割に気づくことで，自分の言いたい内容にチャンツを発展させることもできるようになります。

準備　単元のチャンツに出てくる語・表現等の絵カード。

黒板表示の例

学習の流れ　❶音源をかけ，内容を示す絵カードを出てくる順に貼ります。

Ⓣ絵カードがあると，音だけで聴いている時より内容がわかるね。

Ⓒ長くなるとわからなくなるから，途中で止めながらかけて～

Ⓣそうだね。その方がもっとわかるかな。

＊チャンツのパターンに添って区切り，カードをさしながら意味を確認していきます。

❷部分的に絵カードを外し，その部分の英語が言えるようにしていきます。

Ⓣ（空いているところをさして）What's missing here?

Ⓒ Run fast!

Ⓣ Yes, that's right! Run fast. He can run fast.（絵カードの表現を確認し，文で読んで聞かせて，その動作をしながらリピートさせる。他のところでも何箇所か外して行う。子供の実態に応じて，外したり貼ったりしながら表現を覚えていく）

❸すべてのカードを外して，言えるかどうか挑戦します（カードがあった位置にはカードの形の長方形を書くなどして示す）。

Ⓣ では，文ごとにゆっくり言ってみるよ。Ready go.（言うところを示して）

Ⓒ This is my hero. He is Kosei. He is 12. He can play basketball. He can run fast.…

Ⓣ Wow! You did it !!

❹別の内容に換えてチャンツをつくってみます。

Ⓣ（play basketball のカードを外して play kendama のカードに換え）ここをこれに換えるとどうなるかな？

Ⓒ He can play kendama.

Ⓣ Good!

Ⓣ では，これじゃなくてこれなら？（のようにして既習の表現も入れながらいろいろな文をつくっていき）

Ⓣ それでは，自分の言いたいことでつくってみましょう！Let's make an original chant!（小サイズの絵カードを並べたり，ワークシートに書いたりしてつくっていく）

指導のポイント ●新しいチャンツの導入時にいきなりこの方法で行うのではなく，最初は音声で十分に慣れ親しませることが大切です。英語の音やプロソディに親しみ，何となく意味が想像できてきた段階で，絵カードを使って音を視覚化し，自信を持って言えるように導いていきます。絵カードを準備する際には，動作の表現は用紙を縦にする，様子や性格を表す語や表現は用紙を横にする，などの工夫をするとよいでしょう。また，カードは機能ごとに違う色で縁取りしたり，用紙の地の色を変えたりして差別化しておくと文構造理解へのヒントになり，並べるうちにパターンにも気づきやすくなります。

（行岡 七重）

文字の形状を正しく認識し，名前・音と結びつける

 point 1　初学者ほど段階性を大切にする

　新学習指導要領では小学校の卒業までにアルファベットの大文字と小文字は正しく認識できるだけでなく，書けることまでが求められるようになりました。ですが，いきなり単語が読めるようになるわけではありません。アルファベットの形の習得から，名前，音の習得へと段階的に進めることが大切です。以下に文字指導のチェックポイントを挙げました。

　　□文字を見分けられるか。
　　□文字の名前を聞いて，正しい文字が選べるか。
　　□文字を見て，その名前が言えるか。
　　□文字の音を聞いて，正しい文字が選べるか。
　　□文字を見て，その音が言えるか。

　文字の形は漢字練習のように「書いて覚える」ことが苦手な子供も多くいます。そのため，全員に一律的な指導をするのではなく，文字の形や音を思い出す手掛かりとなるような刺激を多く与える「多感覚」を意識した指導が有効です。子供が楽しく学べるよう，「比較して考える」「動きを音声化する」や「イメージと結びつける」「文字をアクションで覚える」などと工夫しましょう。

　ゴールに至るまでの道筋や手段は子供ごとに違っていてもよいと考えましょう。ワークの活動が向いていない子供もおり，その子が楽しく学習活動に参加できることを何よりも大切にして，柔軟に対応しましょう。

 point 2　文字の「名前」と「音」の両方を教える

　アルファベットには，名前と音の2つの読み方があるということを最初に説明し，指導しましょう。新学習指導要領では，まずアルファベット文字の名前（Aを［ei］）を練習することとなっています。しかし，アルファベット文字には音（Aを［æ］）もあり，単語を読むためには音を知っていなければ文字をつないで読むことができません。そのため，中学校に入学した段階で「文字の

名前しか知りません」では文や単語の読み書きスキルには不十分です。

　英語が母語である英語圏では，アルファベットの導入から単語が読めるようになるまで４年間以上もの期間を費やします。日本の場合は，音韻認識，文字認識，そしてデコーディングに中学校で「文字と音の対応規則を教える」とされていますが，フォニックスを体系的に指導することは明記されていないため，学校単位，教員単位での取り組みの差が生徒の読み書き習得の差になりかねません。

　外国語として英語を学ぶのですから「文字と音の対応」に時間をしっかりとかけることが，その後の英語学習の成功の決め手となります。高学年であれば，教科書のアルファベットジングルなどで単語の最初の音への気づきを育てる機会もあります。その際に，「この文字はどういう音かな」という疑問は子供からも自然に湧いてくるものです。また，「/cat/って言う単語は，c-a-tって書くんだね。どこからどこまでが"キャ"なのかな」など，ローマ字の知識を応用して読もうとする子供もいるでしょう。その際に，「/c/ という音は c と書くよ」という知識も加えていきましょう。

point3　クラスの多様性に対応する─左利きの子供・段階的な四線指導など─

　文字の習得は，得意・不得意が表れやすく，クラス内の格差も生じやすい領域です。こうしたニーズの違いは文字指導に限ったことではありませんが，なるべく多くの子供が参加でき，それぞれに必要な学習ができるようにしたいものです。

　例えば，アメリカの多くの州で導入されている UDL（学びのユニバーサルデザイン）では，学びに「複数の方法を提供する」「選択肢を提供する」ことが重要だとされています。「文字が正しく書けるようになる」という共通のゴールがあっても，同じやり方で学習する必要はありません。子供が練習する方法や子供が自分に合ったものを選べることが重要です。

　本書では４線指導を３つの段階に分けて紹介していますが，全員が同じシートを用いて練習する必要はありません。アルファベットを練習する時間を先生が10分と決めているならば，その時間にどのシートを用いて練習するかは子供が選べるようにすることで，自立的な学習の時間にもなります。利き手に配慮したシートも誰でも選べるように用意しておくとよいでしょう。

（村上 加代子）

文字の形と音を結びつけることができる
多感覚刺激

| 学習形態 | 全体・個別 | 対 象 | 小学校３年生〜 |

| 使用技能 | 読む・聴く・話す・書く・慣れる・覚える |

中学校での読み書きに必須となるアルファベット文字の音と形状を多感覚を用いて導入する。文字を単に覚えるのではなく，お話，歌，アクションなどの多感覚刺激を使うことでどの子供にもわかりやすくなる。

概要　世界各国で使われているジョリーフォニックス教材で，アルファベットの音と文字の対応指導を行います。文字それぞれにお話や絵本，歌，アクションなどを用いて多感覚を刺激しながら文字の形状とその音をしっかり結びつけます。

準備　①『はじめてのジョリーフォニックス─ティーチャーズブック』（ジョリーラーニング社編著・山下桂世子監訳，東京書籍）（絵本，フラッシュカード，CD が付属）を購入しておく。
②小文字のフラッシュカードを切り離しておく。
③絵本ページはプロジェクターなどを使って教室の全員に見えるようにするか，大型本を用意する。

学習の流れ　❶これまで導入した文字の復習を行います（新しく導入する文字は１日１つ〜３つくらいまで）。文字を見てその音を素早く言え，アクションができるように一緒に繰り返しましょう。

Ｔ What's this?
Ｓ /s/…（と言いながらＳのヘビがくねくねするアクションをする）
Ｔ Very good! It's /s/…（アクションをしながら）

❷新しい文字の絵本ページを見せ，お話しをします。

＊お話の内容は教師用本に掲載されている通りですが，子供に合わせて異文化についての紹介もできます。例えば「a」のページから，「日本と違うね！」と感じるところ（例：リンゴの皮をむかずに食べているね，ピクニックに持って行くのはお弁当じゃないんだね，など）を探してもよいでしょう。また，絵本の中の単語にも注目させ，季節を問うたり様々な動物の名前を紹介したりするとよいでしょう。

❸お話の中に必ず出てくる「音」と「アクション」を確認します。

　a では，アリ（ant）が腕に上ってくるのを［æ］，［æ］と言いながら振り払う仕草（アクション）をします。しっかりと，［æ］という音とアクションを結びつけることがポイントです。

❹文字の導入は動きをしっかりと見せながら黒板に一度大きく書きます。

　動きをしっかりと口でも説明しましょう。

　（例：「くるっと回って上に上がって，まっすぐ下りてストップ！」など）

❺子供に利き手の人さし指を出させ，空書きをするよう促します。文字の音も一緒に言いながら書きましょう。

❻次に単語を聴かせ，ターゲットの音（今回は［æ］）が含まれているかどうかを尋ねます。

Ⓣよく聴いてね。［æ］の音は，単語の中にあるかな，ないかな？　apple.

Ⓒあった！　あった！

ⓉVery good! そうだね。どこにあった？（と言いながら指を3本出して）最初？　真ん中かな？　最後かな？

Ⓒ最初！

Ⓣそうだね。（最初の指をさして）［æ］，（真ん中の指をさして）［p］，（3本目の指をさして）［l］---。

指導の
ポイント
●これまで STEP 1 で育成してきた音素への気づきがここでようやく文字に結びつき，短い単語のセグメンティング（分ける）ができるようになっていく段階です。「文字を見て読む」前に，「音があって，その音はどういう文字なのか」という視点を大切にしてください。

●文字の音が思い出せない場合，アクションをすると「あっ，わかった」と思い出す子供が多いです。教室に絵を貼っておいてもよいでしょう。

（村上　加代子）

言語　論理数学　音楽

身体運動　**9**　空間

対人　内省　博物

アルファベットの名前読みと
仲よくなれる
Seven Steps Song

| 学習形態 | 全体 | 対象 | 小学校 3 年生〜 |

| 使用技能 | 読む・聴く・話す・書く・慣れる・覚える |

きらきら星のメロディに乗せ，何となく言えるようになったアルファベット音の羅列を，個々の文字の音として認識し，一つ一つの音と文字を結びつけられるようになることをねらいとする。

概要　一つ一つの文字とその音（読み方）を結びつけていく際，すべてを暗記で行うことは簡単なことではありません。この活動では，暗記に頼らず，子供たち自身が主体的に文字（語）を選択し，楽しく歌いながらアルファベットの名前読みに親しんでいきます。

準備　黒板の片端に A から Z の順番でまとめてカードを貼っておきます。

学習の流れ　❶共通の音を見つけて仲間分けします。

①B, C, D, G, P, T, V, Z のカードを移動させて発音しながら貼り，共通の音を考えさせます。「イー」の答えが出たら「イー仲間」だね。と言って E のカードを先頭に貼り，「イー」と書いて示します。

②その下に「（ュ）ウー」と書き，先頭の文字は何かな？と問い，U のカードを貼ります。「（ュ）ウー仲間の文字は？」と尋ね，Q，W の答えが出たらそれらのカードを貼ります。

③「イー」「（ュ）ウー」ときたら次は「エー」だね。と言って「エー」と書き，「エー仲間は A を先頭に，あとは…」と誘導し J，K を引き出します。実はもう 1 つありますと言いながら H を貼って「エーチ」と発音して聴かせます。子供から「エーチじゃないよ！（エッチ！）」などの声が上がったら笑って褒め，「エーチでもエッチでもなく『エイチ』だね」と言い，「エー」と書いたところに×をつけ，「エイ」と書きます。「エー」じゃなくって「エイ仲間」！

④のばしちゃだめよ！な文字がもう 1 つあるんだけど…と問います。そうだね，

「オー」じゃなくて「オウ」だね。と言ってOのカードを貼ります。

⑤F，L，M，N，S，Xを貼り，共通の音を問います。意見が出なければ，「エ　フ」「エ　ル」のように「エ」ともう1つ音が足されてその名前読みになっていることがわかるように聴かせます。そうだね。「エ仲間」。一緒に言ってみよう。「エ　フ」「エ　ル」…「エ　クスッ」。

⑥すごいね，26文字中，もうあと3文字だよ。と言ってI，Yを貼ります。何仲間でしょう？　そうだね，「アイ仲間」です。

⑦さあ，最後の1つ，お待たせしました，R！これは「アー」と言いながら舌を巻くの。口の中のどこにも触れてないよ。と言いながら「アー」の伸ばし棒をくるっと丸めて書いて見せます（前の図を参照）。

最後に，音に注意しながら仲間ごとに文字を読んでいきます。

❷3文字略語を入れて "Seven Steps" を歌います。

メロディーに3文字のかたまりで歌うところがあることを利用し，今度はそこに子供たちに馴染みのある3文字略語を入れて歌います（例：USA，DVD，RPG）。NHK等で例示し，空欄のところを子供たちに決めてもらうと盛り上がります。

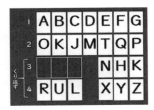

❸3文字略語を考えてそれで歌います。

今度は，子供たちに3文字略語を考えさせます。例示として「TKG（卵かけご飯）」などを見せて身近な言葉でつくらせます。

Ｔ例えば…「黒板」だったらどうなるかな？

ＣKKB!

Ｔみんなだったら他にももっといい3文字略語ができそうだね。ちょっと考えてみて〜！

＊個人や班で相談し，発表させた後採用して，その略語のアルファベットで歌います。（3文字略語を考えることは，ローマ字表記に触れさせるよい機会になります。）

指導の
ポイント
●クラスには様々な習熟度の子供が混在しています。"Seven Steps" の3文字のかたまりで歌う部分を利用することで，ランダムな文字列では歌いにくかった子供もそこでは自信を持って参加できるようになります。クラス中の誰もがどこかで輝けるような場面をつくっておくことが大切です。

（行岡　七重）

言語 論理数学 音楽 10 身体運動 空間 対人 内省 博物

大文字と小文字の特徴を探る
ペアで発見！

| 学習形態 | 全体・個別 | 対　象 | 小学校3年生～ |

| 使用技能 | 読む・聴く・話す・やりとり・書く・慣れる・覚える |

これまで別々に行ってきた大文字と小文字の学習では気づけなかった個々の文字の特徴について，2つを並べて比較することで気づきやすくし，大文字小文字の対応を図りながらそれぞれの習熟度を上げていくことをねらいとする。

概要　大文字と小文字は別々に学習することが多いですが，この活動では，比較的覚えてきている大文字と一緒に扱うことでうろ覚えの小文字が印象づきやすくなります。友達と会話してペアで活動を行うことで，苦手だった文字にも楽しみながら触れる時間が持てます。まとめの活動で発表と表彰を行う見通しを持たせ，独創的な発想力を引き出して大いに褒めてあげましょう。

準備　大文字小文字の全体一覧表を提示。もし，情報が多すぎると感じる場合には少しずつ分けて見せましょう。大文字小文字で1枚になっているカードを用意してもいいですね。活動中，いつでも参照できるようにしておきましょう。

Aa Bb Cc Dd Ee Ff
Gg Hh Ii Jj Kk Ll
Mm Nn Oo Pp Qq
Rr Ss Tt Uu Vv Ww
Xx Yy Zz

学習の流れ　❶**大文字と小文字を比べて，特徴を見ます。**

🇹大文字と小文字の形や大きさを見比べてください。そのままの形で小さくなったのはどれかな？

🇨「Cとc」「Oとo」「Sとs」「Vとv」「Wとw」「Xとx」「Zとz」

Aa Bb Cc Dd Ee Ff
Gg Hh Ii Jj Kk Ll
Mm Nn Oo Pp Qq
Rr Ss Tt Uu Vv Ww
Xx Yy Zz

🅣 そうだね。では，「Ｐとp」はどうかな？

Aa Bb Cc Dd Ee Ff
Gg Hh Ii Jj Kk Ll
Mm Nn Oo Pp Qq
Rr Ss Tt Uu Vv Ww
Xx Yy Zz

Aa Bb Cc Dd Ee Ff
Gg Hh Ii Jj Kk Ll
Mm Nn Oo Pp Qq
Rr Ss Tt Uu Vv Ww
Xx Yy Zz

🅒 すごくよく似てるけど少し違う（そのようなものを挙げさせる）。
「Ｉとi」「Ｊとj」「Ｋとk」「Ｕとu」「Ｙとy」

🅣 では，まだ見ていないものも見ていきましょう（「Ａとa」「Ｂとb」「Ｄと
d」「Ｅとe」など残りの文字についても考察する）。

❷大文字小文字マッチングペア探しをします（そのままの形で小さくなった
「Ｃ c」「Ｏ o」「Ｓ s」「Ｖ v」「Ｗ w」「Ｘ x」「Ｚ z」以外の文字で行う）。

🅣 １人に１枚，文字カードを配ります。教室内を歩き回って大文字と小文字の
ペアになるように相手を探してください。見つかったペアから２人で座って
いってください（会話のデモを見せる）。

🅣 What do you have?

🅒 I have "A". （エイ）持っている文字の名前を言う（または，習熟度によっ
てはI have this. と言ってカードを見せる）。

❸ペアで文字の変化の過程について考えて発表し，コンテストを行います。

🅣 平仮名や片仮名は漢字から生まれたということを国語で習いましたね。大文
字と小文字はどっちが先に生まれたと思う？（大文字が先）
ペアに１枚，ワークシートを配ります。２人で相談して，大文字から小文字
へどのような変化を遂げたのか考えて書き表してみてください。

＊発表会をして「素晴らしい変化で賞」「適当で賞」「何でこうなったのかわか
らなかったで賞」など，子供たちに命名させると楽しいです。

 →？→？→？→ 　 →？→？→？→

指導の
ポイント
●コミュニケーション活動を行ってからペアで考えることで豊かな発想が生ま
れ，ネーミングもとても盛り上がりますが，個人活動で行えば，より多くの
文字について何度も何度も見て考える機会を持たせることができます。クラ
スの実態に応じて，使い分けられるとよいでしょう。

（行岡 七重）

言語	論理数学	音楽
身体運動	**11**	空間
対人	内省	博物

形の区別をつける
大文字当てクイズ

| 学習形態 | 全体 | 対　象 | 小学校3年生〜 |

| 使用技能 | 読む・聴く・話す・やりとり・書く・慣れる・覚える |

個々の文字の形と名前読みの一致に向けた土台となる活動。形や書く時の手の動きが似ている文字群を抽出して考察し，Aからの正順での教え込みを回避する。形の細部に意識を向け，文字の形が見分けられることをねらう。

概要 　形が似ている大文字を比べさせ，どこがどう違っているのか言語化したり，イメージで捉えたりして見分けられるようにしていきます。部分的に隠して文字当てクイズを行う際には，解答するだけでなく，出題のために自分で考えたり，ペアで話し合ったりすることで，何度も文字の細部を見ることになります。

準備 　大文字カードを正順で提示しておきます。文字を隠すカードを用意します。

学習の流れ **❶文字の形の類似性に気づかせます。**

Ⓣ一覧で並んでいると，それぞれの文字の特徴ってわかりにくいよね。

こんな風に取り出して並べてみるとどうかな？

Ⓒあ！　例①の4つの文字，似てる！

Ⓒ②は2つの文字の（上半分は同じだけど）下半分が違うよ。

Ⓒ③は書く時の手の動きがなんか似ているというか，同じというか，縦線を書いてから半円をつけるって感じ？…あ，でも半円の大きさが違うかな？

Ⓣよく気づきましたね！（空書きしながら文字の名前を言うよう促す）

❷似ている文字の細部の違いについて考えます。

Ⓣ例①の文字について見てみましょう。

Ⓒ「C」にかぎ括弧をつけたら「G」！

Ⓒ「C」の開いてるところをつなげたら「O」！

Ⓒ「O」の右下のところに短い斜め棒を書いたら「Q」！

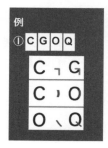

❸**文字当てクイズをします。**

Ⓣ What's this letter?

Ⓒ (I think) It's "C"!

＊答え方は，口頭で文字の名前を言う。
またはカードなどを上げて示す。

Ⓒ (I think) It's "O"!

Ⓒ (I think) It's "G"!

Ⓒ (I think) It's "Q"!

Ⓣ Good guess! Now I'll show you the letter little by little.
(隠しているカードをずらしていき) The answer is … "C"!

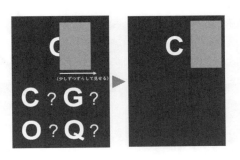

❹**出題するための問題やその見せ方を考え，実施します。**

Ⓣ では，今度はみなさんに出題してもらいますよ～。問題に
する文字と，カードをどのように見せていったらよいかを
考えてください。

＊個人差が出るので，様子を見ながら声掛けをする。

Ⓣ 隣の人と相談してもいいですよ～。それでは出題したいペ
アは挙手をしてください。

＊出題者を指名し，前に出てきてもらって実施する。

Ⓣ Good job‼

答えの選択肢に漢
字！子供の発想は
豊かです

❺**振り返りシートに自分の言葉で言語化します。**

Ⓣ 振り返りシートに，文字の形の特徴についてまとめましょう。書けたら隣の
人と見せ合って説明し合いましょう。

＊時間を設け，文字カード（または字を書いた紙）を手で隠して問題を出し合
うのもよいでしょう。前に出て行うことができなかった子にも，一人一人自
分で考えた問題を出す機会をあげられるといいですね。

**指導の
ポイント**
●類似性に着目せず，単に１文字ずつ取り上げてクイズをすることもできます
が，ここでは文字習得の後段階の「書く」ことにつながるような仲間分けに
しました。クイズでは，正解が１つに絞られるような問題より，答えの可能
性が複数あるようなものにしておくと，より多くの子供の参加を促すことが
でき，どの子の答えも褒めてあげられる機会にすることができます。また，
上記❹の子供のアイデアのように，選択肢に日本語の文字を使うこともでき
ます（「J」と，平仮名の「し」の向きを利用するなど）。

(行岡 七重)

言語	論理数学	音楽
身体運動	**12**	空間
対人	内省	博物

文字の特徴と４線上の位置をつかむ

小文字で ジグソーパズル

学習形態	全体	対象	小学校４年生〜

使用技能	読む・聴く・話す・やりとり・書く・慣れる・覚える

大文字に比べ小文字は方向（向き）や長さが様々で分別が難しい。多感覚を使って各文字の特徴や４線上の位置を意識させ，それぞれの違いがしっかり認識できるようになることをねらいとする。

概要　ａ〜ｚの文字の方向（向き）や長さに意識が向くような活動を行った後，小文字の一覧表をジグソーパズルに見立てて切り分け，それを復元していきながら26個の文字を正しい向きで並べます。慣れ親しんできた"ＡＢＣソング"の音声が助けになって音と文字の一致が図れ，個々の文字が身についていきます。

準備　４線に書かれた小文字の一覧（小文字を書く位置が視覚的にイメージできるように４線に色などを施しておき，書く位置ごとに文字の色も変えておきます）。

２地　abcdefghijklmnopqrstuvwxyz

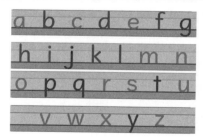

ジグソーパズル用小文字一覧表　例

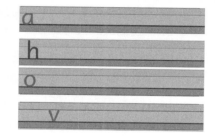

発展活動用の４線シート　例

学習の流れ　❶小文字の方向（向き）や長さを意識できる活動をします。

子供の実態に合わせ，以下のような活動の中から選んで行います。

絵やイメージで意識

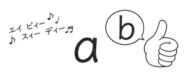

歌って踊って意識

■小文字の背の高さや４線上での位置を体感するよ！　文字を体で表してみましょう！　草（１階）のところにいる文字（a, c, e…）の時は両手を腰に。空（２階）まで伸びている文字（b, d, f…）の時は両手を上に伸ばして。地下までもぐっている文字（g…）の時は両手を下におろしてしゃがむよ。"ABCソング"を歌いながらやってみましょう！

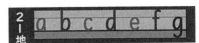 ２F（両手を上に伸ばす）
１F（両手を腰につける）
地下（両手をおろしてしゃがむ）

「合体文字づくり」のようなコミュニケーション活動で意識

■１人に１枚カードを配ります。教室内を歩き回り，友達のカードと合体させて文字ができたら見せにきてください。

❷ジグソーパズル活動をします。

■小文字の一覧表を配りますので，最初は，一覧表を切り分けて自分用にジグソーパズルをつくり，元の状態に並べ戻してください。次に，もう１枚新しい一覧表を配りますので，今度はペアの人用に切り分けて渡し，復元してもらってください。

カットの仕方の例

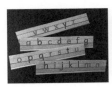 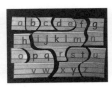  

❸振り返り活動をします。

■うまく復元できたかな？　自分用に切り分けた時と，友達用に切り分けた時では，切り方が変わりましたか？　おすすめの切り方を理由と共に紹介してくれる人！　友達はこんな風に切ってくれたよって紹介したい人！

指導の ★ ポイント
●発展活動としてこれを高学年で行う場合には，印刷した一覧表ではなく自分で４線上に文字を書かせてみるのもよいでしょう（前頁のシート例参照）。相手のことを考え，文字の細部を意識した書字の必要性が生まれます。与えられた物を利用し，相手も自分も成長できる方法を考える機会としましょう。

（行岡 七重）

運筆の動きを音声化する
書き順ソング

| 学習形態 | 全体・個別 | 対象 | 小学校３年生〜 |

| 使用技能 | 書く |

アルファベットの小文字の形を覚える際に，見て覚えるだけでは思い出しにくい子供の場合，書き順を声に出しながら書くと思い出しやすいことがある。クラスでも大きな声でみんなで言いながら練習するとよい。

概要　アルファベットの小文字は大文字よりも習得に時間がかかると言われています。曲線が多いだけでなく，左右や上下をひっくり返すと同じ形になるなど，形の似た文字が多いからです。書く練習も，a からの正順ではなく「一筆で書ける文字」などの仲間ごとに一緒に練習する工夫があるとよりよいでしょう。

準備　アルファベット小文字の書字練習用ノートあるいは用紙（罫線が大きめがよい）。アルファベットには決まった正しい書き順があるわけではありません。あくまでも参考程度に留め，時間があれば「どういう風にすれば覚えやすいかな」と，子供と一緒に「書き順ソング」をつくる楽しみにも挑戦してください。

一筆書き・天井にタッチ・床にタッチ！		一筆書き・天井にタッチ・床にタッチ！まっすぐビーム		一筆書き・天井にタッチ・床にタッチ！重ね書きあり	
c	くるりとまあるく，口開けて	v	斜め下タッチ！斜め上タッチ！	m	上下，上下，山２つ
e	右にまっすぐ，くるりとc	w	ぎざぎざ，Vを2連続	n	上下，山１つ
o	くるりとまあるく，上閉じて	z	頭を平らに「2」を書く動き	r	「n」書く動き天井でストップ！
s	「8」書く動き，左下でストップ				

一筆書き・天井にタッチ・床にタッチ！重ね書きあり		一筆書き・2階建て・重ね書きあり		一筆書き・2階建て・重ね書きなし	
a	「9」書く動き！たてぼう短く	b	左手親指で「いいね！」	l	たてぼう長く，「1」そっくりに
u	コップの形，つなげて「l」	d	右手親指で「いいね！」	h	たてぼう長く，山１つ

一筆書き・地下あり！ 重ね書きあり		2画・天井にタッチ！ 床にタッチ！		2画・2階建て！		2画・地下あり！	
g	「a」書く動き たてぼう地下へ， 最後はくるり	i	短いたてぼう 上に点	f	くるりとステッキ よこぼう短く	j	「し」のはんたい， 地下までストン！ 上に点
p	たてぼう地下に のぼってくるり	x	かけ算の動き 上下タッチを 忘れずに	k	たてぼう長く しゃがんで「く」	y	「ソ」を書く動き， くっつけて地下へ
q	「9」書く動き 地下までストン！			t	たし算の動き よこぼう短く		

（資料提供：島根県松江市立意東小学校・井上賞子教諭）

学習の流れ ❶黒板に4線を書きます。4線を上から子供と一緒に数えましょう。

T 線はいくつあるかな。いち，に，さん，し！　ほとんどの小文字は，2番目と3番目の線の間に書くよ（と言いながら，間に色をつけるとよい）。

❷ターゲットの文字を書く。

T What's this letter?　この文字はなんだったかな。

C c! c!

T よく見ていてくださいね。「くるりとまあるく，口開けて」（書きながら言う）右側をしっかり開けようね。

じゃあ，指を出して。空に文字を書くよ。書きながら，先生の後について言ってみよう「くるりとまあるく，口開けて」。

C くるりとまあるく，口開けて（空書きをする）。

T じゃあ，ノートに1回，書いてみよう。

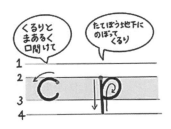

**指導の
ポイント** ●「4線に文字が正しい位置で書ける　シートの工夫」（p.60～61）と同時に使うとよいでしょう。

●このアクティビティでは，第2線のことを「天井」，それよりも文字の一部が上に伸びる場合に「2階建て」，第3線（基線）のことを「床」それよりも下がる場合に「地下」と呼んでいます。

（村上 加代子）

言語　論理数学　音楽

身体運動　**14**　空間

対人　内省　博物

左利きの子供の書きやすさに配慮する

ノート・練習用紙の工夫

| 学習形態 | 全体・個別 | 対象 | 小学校3年生〜 |
| 使用技能 | 書く |

国語は縦書きノートで練習することが多いが，英語は左から右に書く。そのことが，左利きの子供への負担となっている。ここではノートの位置と書き順の2点の配慮について紹介する。

★ 概要

日本の人口の10%程度が左利きだと言われています。国語の縦書きノートや練習帳では問題とならないのですが，左から右への横書きノートでは左利きの子供は大きなハンディキャップを抱えます。予め生じる問題を予測しておくことで，左利きの子供の書字練習がスムーズに行えます。

★ 準備　ノートの位置

左利きの子供がアルファベットの書字練習をする際は，ノートや練習用紙を傾け，左手を自然に置いた状態でスムーズに動かせるように配置します。

角度は35°くらい

練習用紙の工夫

アルファベット練習用紙は，いくつか種類があるとよいでしょう。

右にお手本

書き順の配慮

　左利きの子供にとって，鉛筆で左から右に書くのはペン先が紙面に突き刺さりやすく，大変動きづらく感じます。そのため，左から右の動き（例えばＴの上の棒）は，「右から左に書いてもよい」と伝えることが大切です。英語では「決まった唯一の筆順」はありません。

学習の流れ

①アルファベットの書き練習の前に，「右利きの人，左利きの人」と問いかけ，「右利き，左利きの人がいて，右利きの人が多いから通常のお手本は右利き用になっているけれど，左利きの人は，書きやすいように書くことが大切」と伝える。

②右利きの書き方，左利きの書き方の両方を示す。全員に「どちらの書き方が書きやすいかな」と尋ね，子供が自分で試す機会を与える。

③「英語は漢字のように決まった書き順があるわけではないので，書きやすい方法でよい」ことを改めて伝え，左利き用のプリントがほしければそれを選択してよいことを伝え，練習を始める。

指導のポイント

●左利きの子供への書字指導は，教員の知識の有無が大きな差の１つとなってしまいます。英語は左から右に書くため，特に左利きの子供にとっては書きづらくなります。英語圏での書字指導情報のサイト（下記）もぜひ参考にしてください。

〈参考〉

・ANYTHING LEft HANDED
https://www.anythingleft-handed.co.uk/letter_formations.html

・Left-Handed Handwriting Pages
https://thisreadingmama.com/left-handed-handwriting-pages/

・HANDEDNESS RESEARCH INSTITUTE
http://handedness.org/action/leftwrite.html
http://handedness.org/posters/leftwrite.pdf （download 可）

（村上 加代子）

言語	論理数学	音楽
身体運動	**15**	空間
対人	内省	博物

4線に文字が正しい位置で書ける
シートの工夫

| 学習形態 | 全体・個別 | 対　象 | 小学校3年生～ |
| 使用技能 | 書く・慣れる |

4線指導は段階的に導入することで，混乱を減らすことができるだけでなく，初期の誤りの定着を防ぐことができる。個人差も大きいため選択肢を子供に与えながら，ステップバイステップでどの子も4線が使えるようにする。

概要　　読み書きの苦手な子供の中には様々な線の中から特定の線を区別することが難しい子供がいます。いきなり4線を使わずに1線から始め，次に2線，そして4線へと段階的に進めます。数種類の練習ノートを子供が選択できるようにし，「文字が正しく書ける」段階から「4線に文字が書ける」段階へと移行するようにしましょう。

準備　　線が1本の1線シート，2本の2線シート，そして普通の4線シートを用意します（4線シートが使えるようになるのがゴールです）。

　　大文字も小文字も2線シートから始めてもよいですが，1線シートは大きさなどを気にせず書けるため，子供への負荷が軽くなります。

1線シート（小文字）	書字練習が初めての子供，誤って文字を覚えてしまっている子供など，文字を書き始める段階で「正しい形」「書く動き」を練習するために使うとよい。 利点：文字の形状，鉛筆の動きに集中でき，誤りが少なくなる。
2線シート（大文字，小文字）	文字の形が正しく書けるようになった子供に，「高さ」を教えるために使う。大文字と小文字は別々に練習する（同じシートに混在させない）。大文字を練習するシートは，線と線の間を広めに取る。 利点：特に，小文字は2本の線を超えて上に伸びるか，それとも下がるかに集中しやすい。
4線シート	第2線と基線の間に色をつけたり，第2線を点線にして小文字のメイン部分をわかりやすくするとよい。小文字は h, f, k, l などが第1線にタッチすることをしっかり指導する。

学習の流れ ❶**1線シート**

まず，鉛筆の動きを全員で確認します。

次に，「小文字の下の部分（おしり）は必ずこの線にタッチするよ」と説明し，文字を書かせましょう。「まっすぐ書けない」「上がったり下がったりする」子供には，大きさはバラバラでもよいので，線にタッチすることに集中させます。この時は，g, q などの線よりも下がる文字は後回しにします。

❷**2線シート**

①大文字はすべての文字が2線にタッチしています。始点がどこかをまず示し，終点までの動きを全員で確認します。

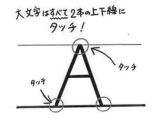

②小文字は第2線から上に伸びる文字（b, d, h, k, l, f, t），下がる文字（g, j, p, q, y）はそれぞれ「2階まで上がる」「地下に行く」などとイメージ化するとよいでしょう。

 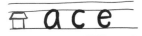 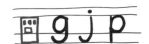

指導の ポイント
● 第3線（基線）はアルファベットすべての基本となる線です。この線との関係をしっかりと身につけるため，動きを覚える時期には，基線だけの1線シートで書く練習を取り入れましょう。

● 子供が初めて文字を「書く」練習をする際のゴールは，「正しい動きで書けるようになる」ことです。すでに4線に慣れ親しんでいる子供がいる一方で，4線内での位置関係の把握が難しい子供がいることを忘れず，練習シートなどにも選択肢を用意しておくことがつまずきの回避につながります。その際は，自分自身でどのシートを使いたいかを決める機会を与えることも大切です。

（村上 加代子）

音から文字へ，文字から音への基本的な単語指導ステップ

point 1 聞いてわかる語彙を増やす

　中学生の英語のつまずきで最も多く指摘されるのが「単語が覚えられない」ことです。単語は音声，意味，文字（綴り）で構成されていますが，聞いたことのない音声を，全然脈絡のない意味と結びつけ，規則がわからない文字を記号的に並べて一度に暗記せよ，というのは，学習者にとって重い負担となります。

　小学校では600語〜700語という目標語彙数が示されていますが，授業では言葉はまず聴覚的に意味と結びつけるよう指導されます。「聞いてわかる表現や語彙」をたくさん蓄積することで，文字の学習が始まった時に「あっ，この単語は聞いたことがあるし意味もわかる。そうか，こういう綴りで書くんだな」という発見につながります。そのため，小学校では綴りを暗記させたり，何度も書かせることよりも，なるべくたくさんの語彙に触れ，音と意味を結びつけるような活動を大切にしたいものです。

　例えば，言葉の語源を調べて日本語との違いに気づくことで，単語の単なる暗記から異文化理解へと発展させていくなど，語彙学習は奥が深く，高学年ほどアクティブ・ラーニングの要素を加えることができるでしょう。

point 2 単語を「読む」スキルを身につける

　単語が読めるようになるとは，「文字を音に変換し，つないで単語にする」という一連の処理ができるようになることとも言えます。逆に言えば，もし子供がうまく読めない，文字がつなげられないといった様子が見られたならば，音韻操作や，文字の形や音の対応が不十分で，単語を読む準備が整っていないのかもしれません。

　英語圏では，フォニックスを用いて単語の読み指導の初期から体系的・段階的な指導が行われています。フォニックスとは，英語の単語の文字と音の対応規則の指導法のことを意味しますが，理論も複数あり，唯一の指導法や教材を

意味するものではありません。近年は，シンセティック・フォニックス（統合的フォニックス）の効果が高く評価されています。シンセティック・フォニックスでは，文字をつないで単語にするブレンディングのスキルを高めることで「文字をつなげば読めるんだ！」という自信を学習者に与えます。つまり，単語を暗記して読むのではなく，段階的に２文字から読みのスキルを身につけることができれば十分でしょう。

　本書では，「音韻表象獲得期」で読むスキルの音韻的基礎づくりをしました。また,「文字獲得期」ではアルファベットの文字と音の対応指導について多感覚を用いた指導法をいくつか紹介しました。文字を見て，その音が素早くパッと言える状態になることは，ストレスなく単語を読むために不可欠な要素です。

　授業の中でフォニックスにかける時間は少しでも構いません。ただし，継続すること，繰り返すこと，段階的に進めることが大切です。本書では「２文字の単語を読む」「３文字の単語を読む」というフォニックスの初歩の指導ポイントを紹介しています。

point 3　写し書きにプラスαの要素を加える

　高学年からは単語や文章の写し書きをする場面も増えるでしょう。写し書きが単純な「作業」になったり，意味がわからないままの写経のような活動にならないように，中学校への足がかりになるような"プラスα"の要素を加えてみましょう。

❶単語に含まれる音素や音節を意識しながら書く

　黙々と写すのではなく，最初の音は何かな？単語のリズムはいくつかな？などと声をかけて単語に含まれる音に注意を向けさせた後に，「発音しながら書いてみよう」と指示してみましょう。特に長い単語は適当になりがちのため，音節で区切って，音節ごとに写し書きをすると「こういう風に書くんだな」という気づきにつながっていきます。

❷高頻出・重要語はスペルにも意識を向ける

　小学校でできれば覚えておいてほしい高頻出語には，数字，月，曜日，人称代名詞などが挙げられます。中でも特に数字と月は中学生でもなかなか綴りが覚えられず苦労します。小学校では，写し書きの際にスペルの特徴に注目させたり，口で説明をしたり，語呂合わせをするなど，意識させながら書いてみるなどの工夫があるとよいでしょう。

（村上 加代子）

言語　論理数学　音楽　身体運動　**16**　空間　対人　内省　博物

２文字を音声化できる
つないで読み

| 学習形態 | 全体・個別 | 対象 | 小学校５年生〜 |

| 使用技能 | 読む・慣れる |

アルファベット１文字の音が素早く言えるようになれば，次は母音と子音でできた２文字の単語を読む練習をする。目的は，①母音にしっかりアクセントを置くこと，②日本語音節にならないこと，の２点である。

概要　アルファベットを１文字ずつ音声化する（デコーディング）方法で単語を読むスキルを身につけましょう。推測（あてずっぽう）や暗記（視覚的な記憶）に頼るのではなく，仮名文字のように「つないで読む」感覚で読むようにしていきます。まずは２文字がすらすら音声化できるようにしましょう。

準備　①５つの母音が書いてある母音シートを，黒板で見せる用に１枚，子供（ペアまたはグループ）用に１枚ずつ用意します。
②子音カード（p, d, x, z, n, l, m, f, g）も用意します。

学習の流れ　**❶文字の読み活動―導入**

①まず，真ん中の母音を全員で一緒に読み，文字と音の確認をします。
②次に，子音カードを見せ，音の確認をします。

T What's this?　この文字の音は何かな？（例：p のカードを見せながら）

C /p/.

T Good!　じゃあここに /p/ を置いたら，何て読むかな？（カードを i の文字の横に置く）/i/…/p/…つないだら？

C1 /ip/!

C2 /ipu/!（← /p/ の後に母音のウがついて片仮名のようになっている）

T Very good!　そう，/ip/ ですね（正しい音を改めて言う）。

不要な母音に気づかせる

T 今から２つの読み方を言うから，どこが違うかよく聞いてください。（i と p を並べたまま）１つめは，/i/, /p/, /ip/。２つめは，/i/, /pu/, /ipu/.

C あっ，ちがうちがう。/p/っていうのと，/pu/っていうのが違う。

T そうですね。じゃあもう一度，聞こえた通りに，音をつないで読んでみましょう。（改めて /ip/ を読む）

❷2文字の読み活動—説明

T では，みなさん母音シートを出してください。今からペア（グループ）で相談して，どこに p のカードを置くかを決めます。one, two, three で単語をつくります。もし，先生と同じ単語ができていればポイント１点です！（カードの置く位置を相談する時間を与える）

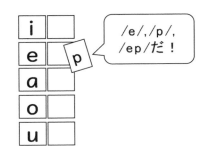

/e/,/p/,/ep/だ！

❸2文字の読み活動—ゲーム的に

T One, two, three.（例：指導者は黒板の母音 e に p を置く）
Look at my card. /e/（e をさして），/p/（p をさして）/ep/.
同じになった人は手を挙げてください。拍手。
じゃあ，違う人も手を挙げて。さあ，どういう組み合わせにしたかな。前にきて見せてくれますか。

C （前にきて p のカードを置く）

T Thank you!　これは何と読むのかな。みんなで読んでみましょう。

＊このように，指導者とは違う組み合わせを一緒に "読む" ことで自然と練習ができる。

❹2文字の読み活動—実はスペリングの基礎

T 今度は，先生が言った単語がつくれるかな。子音カードを見てみましょう（3〜4枚ほど子音カードを選び，音を確認）。では，よく聞いてね。/it/, /it/。

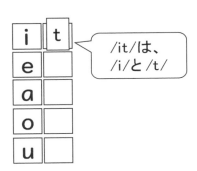

/it/は、/i/と /t/

C （子音カードを母音の横に置く）できた！

T 答えの /it/ は，/i/（と言いながら i をさす），/t/（と言いながら t のカードを見せる）で，/it/ です。

指導の★ポイント ●文字が書けない子供でも参加ができる文字操作の基礎練習です。すべての子音を用いる必要はなく，「つないで読む」「聞いた音を２つに分ける」操作ができ，文字に対応させることができれば，より高度な読みの練習へと進むことができます。

（村上 加代子）

言語	論理数学	音楽
身体運動	**17**	空間
対人	内省	博物

３文字の単語を聞き取って書ける
スペリング基本スキル

学習形態	全体・個別	対象	小学校５年生〜
使用技能	読む・聴く・書く・慣れる		

単語を音素に分解し，正しい文字に対応させて書くというスペリングの基本のスキルを身につける。しっかりと聴く耳も育て，暗記ではない書き取りを目指す。

概要　３文字３音素の単語を使って，単語にどの音が含まれているかを確認する。音に対応する文字を書く。「音から文字」の書き取り練習です。最初の音，真ん中の音，最後の音それぞれに意識を向けさせましょう。

準備　パワーポイントで次のように上部にイラストを位置したスライドを用意しておきます。子供が知っている単語でも知らない単語でも構いません。

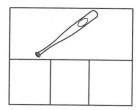 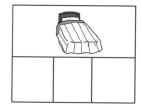 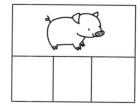

書き取り用の用紙を１人１枚用意します。

本活動の目的は，「単語を聴いて３つの音素に分解して，書き取ること」です。ただし，文字を思い出すことが苦手な子供や，アルファベットを完全に覚えていない子供もいると考えられるため，書き取り用紙には，イラストのように上部にアルファベットをすべて書いておくか，黒板にアルファベット表を掲示しておくとよいでしょう。

学習の流れ スライドを見せながら，単語を発音します。（例：bat）

T It's a…?

C Bat! バット！

T Very good. What is the first sound? 最初の音はなんだった？ bat, bat.（左手の指を３本立てて，一番右側の指，子供から見て左の指をさしながら尋ねる）

C /b/?

T Right! /b/. What's the next sound? （真ん中の指をさして）

C うーん…

T よく聞いてね。bat, bat.（とてもゆっくりに発音しながら指を順にさす）

C /a/?

T Good. What's the last sound? 最後の音は何かな？

C /t/!

T Good! じゃあ，書いてみようか。書ける人は四角いマスに文字を１つずつ書いてください。最初の音は /b/ だから…b（パワーポイントに文字を示していく）。書けたかな。次の音は /a/ だったね。これは，どの文字かな？（考えさせながら同様に続ける）

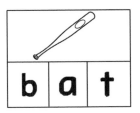

* ２枚目からは，子供にまず書き取らせ，パワーポイントで答え合わせを一緒にしていくとよいでしょう。

指導のポイント

● 初期の単語の書き取りでは「音から文字」の処理ができることが大切です。その際，単語に含まれる音素の数がわかり，その音がどの文字に対応するかがわかれば，知らない組み合わせの単語でも書けるようになります。

● 音は一瞬で消えてしまう情報です。記憶に留める手段として，自分の指を使って一緒に発音することもとても有効です。みんなで３本指を出し，/b/，/a/，/t/ と言うことで数と順序がより明確に捉えられます。

（村上 加代子）

言語	論理数学	音楽
身体運動	**18**	空間
対人	内省	博物

3文字単語が読める
ワードファミリー

学習形態	全体・個別	対象	小学校5年生〜

使用技能	読む・慣れる

3つの文字をつないで素早く単語にする練習である。オンセットとライムのブレンディング操作の文字バージョンだと考える。文字をつないで「読める！」と感じることが次のステップへの弾みとなる。

概要 　3文字単語シートをみんなで一緒に読みます。英語らしい単語のリズム（1音節，アクセント）をしっかりと意識させます。ライム部分は同じ単語を使うため，頭子音とアクセント母音のつながりに集中できます。

準備 ①ライムカードは5種類用意します（it, en, at, op, ug）。
②絵カードを用意します（pen, ten, hat, bat, hit, sit, hop, mop, mug, bug）。

   ……

③イラストのような3文字単語シートを用意します。または，子音の部分だけ予めマグネットやカードで用意しておくとよいでしょう。

a t		i t		o p		u g	
m		h		h		h	
h		s		m		m	
b		f		t		b	
r		p		p		l	

学習の流れ ❶読み練習

en の3文字単語シートを黒板に提示し，ライムカード（en）を見せます。
Ⓣ /e/, /n/, /en/. （en のカードを見せながら）
Ⓒ /en/!

T /en/ のカードをここに置くよ。（と，p の横に置く）読めるかな。なんていう単語かな。

C /p/…/en/, /pen/!

T Very good!（p をさして）/p/,（カードをさして）/en/,（同様にカードを下にすべらせながら単語を読む）/pen/.

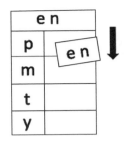

＊最初から3文字をつないで単語にするのではなく，しっかりと最初の子音とカード（ライム）を発音し，両方を合わせてアクセントがライムの母音にくるように一拍で発音するようにしましょう。

❷絵カードを使って

　　ライムカードを提示したまま，絵カード（例：bat）を見せ，発音します。

T This is a bat. Bat.

C Bat.

T Good!　最初の音は？

C /b/.

T そうだね。じゃあ，このシートのどこになるかな？　ここかな？（わざと間違えて違う文字の横に置く）

C No!　違うよ！

T えっ，違う？　これはなんなの？（読ませる）

＊先生がわざと間違えた答えを言うことで，子供に気づかせずに読み練習ができます。

指導の ポイント

● 2文字が読める子供でも，3文字単語では急にひっかかることがあります。音韻操作がうまくいかず，特に頭子音と母音をうまく結びつけることが難しいようです。そんな時は，ゆっくりと，/m…at/, /m…at/ と繰り返し，口の動きも合わせ，どのようにつなげるかを納得いくまで示すことが大切です。

● 単語はすぐにスラスラ読めるようにはなりません。飽きないように手を替え品を替えて，いろいろな文字の組み合わせが「読める」と本人が感じるようになると楽しくなってきます。

● 単語カードを自作する際は，単語カードは3文字くらいのもので，不規則な組み合わせがないものがよいでしょう（例：pen, ten, men, hen）。

（村上 加代子）

言語	論理数学	音楽
身体運動	19	空間
対人	内省	博物

10までの数字が読める
単語の特徴に焦点をあてた練習

学習形態	全体・個別	対　象	小学校5年生〜
使用技能	読む・聴く・慣れる・覚える		

1から10までの数字は綴りが不規則なものが含まれるため, 多くの子供が中学校に入ってからもなかなか定着しない。単語の特徴に焦点をあてて練習し, できれば数字が読めるようになることを目指す。

概要　　数字を言える子供は多いのですが, スペルの細部まであまり意識しているわけではありません。3文字の数字から各文字を意識させ, 特徴を意識させます。空書きや, なぞり書きを活動に加えてもよいでしょう。

準備　①パワーポイントで数字とそのスペルを書いたスライドを用意します。

②数字を書いたカード, 数字のスペルを書いたカードをそれぞれ用意します（神経衰弱, カルタ取りで使うため）。

```
1
one
```

学習の流れ　単語を3つのグループに分けます。

❶第1グループ（3文字で構成される one, two, six, ten）

six と ten はこれまで文字と音の対応を練習した子供なら自然に読めるので, これまでの読み練習と同様に, 1つずつ音声化し, つないで単語にして読みましょう。

① two は, 子供に「two には音がいくつあるかな」と尋ねます。答えは, [t] と [u:] の2つです。

T最初の音は？

C/t/.

Tそうですね。次の音は, [u:] だね。wo って書いているけど, みんなだったらどう読むかな。

Cwo. ウォ？

Tそう。みんなが正しいね。ウォって読めるけど, 数字の two は, こういう風に書いて, [tu:]って発音するのですね。

② one は, ローマ字と合わせて, 「お姉（one）さんがワンワン（one）言っ

ている」ね，などと語呂合わせを使います。

❷第2グループ（4文字で構成される four, five, nine）

① five と nine は母音に着目させ，i は［ai］と読むことに気づかせます。

② four も音を聞かせ，our が［or］となるところを覚えるようにします。

❸第3グループ（5文字で構成される three, seven, eight）

① seven は sev/en と2つのパートに分けて読むと，これまでの3文字単語
と同様に，自然につないで読むことができるでしょう。

② three は，th は文字が2つで1つの音［θ］だよ，と教えるとよいでしょう。
th を使った他の単語も一緒に導入しましょう。

例：thin（細い），thirsty（喉が渇いた），Thursday（木曜日）など。

ee も2つの文字で1つの音［e:］ですと教えます。ee を使った他の単語も
紹介しましょう。

例：bee（ハチ），tree（木），seed（種），teeth（歯）など。

③ eight は ei までは読めますが，ght は読めません。読まない gh を含む単
語を同じように紹介しましょう。

例：light（光），fight（戦い，けんか），right（正しい，右），night（夜）など。

慣れ親しみ

　数字とそのスペルをカードにしたものを使って，先生が読み上げた数字のカ
ードを取るカルタ取り，裏返しにして神経衰弱などのゲームを時々取り入れ，
時間をかけてすべての数字が読めるようにしていきましょう。

**指導の
ポイント** ●数字は1日に全部教えようとするのではなく，第1グループだけ，あるいは
「今日は three だけ」のように時間をかけて「こういう読み方もあるのだ」
ということに慣れ親しませていきます。
●フラッシュカードを使うのもよいのですが，細かなところに意識を向けるに
は，同じ組み合わせの他の単語も一緒に紹介することで，「知らなかった！
へー！」という発見や楽しさにつながります。

（村上 加代子）

<table>
<tr><td>言語</td><td>論理数学</td><td>音楽</td></tr>
<tr><td>身体運動</td><td>**20**</td><td>空間</td></tr>
<tr><td>対人</td><td>内省</td><td>博物</td></tr>
</table>

単語の音と意味と綴り方を理解できる

曜日の単語練習

| 学習形態 | 全体・個別 | 対　象 | 小学校５年生〜 |

| 使用技能 | 読む・聴く・話す・書く・慣れる・覚える |

単語を書く際，語中の音節や音素などの音韻に意識を向けることで，単調ななぞり書きの作業にならないような工夫をし，単語の音と意味とその綴り方を理解しながら写し書きができるようにする。

概要　これまでに歌などの音声で親しみ，聴覚的に知っている曜日の単語を，絵や文字で視覚的に示すことで語の構成に気づかせ，音と文字の関係にも目を向けながら，見本の文字をなぞって書けるようにしていきます。

準備　見本を真似てただひたすら書き写すような練習から脱却するために，子供が意識を持って取り組めるようなワークシートを準備します。音韻への意識が促され，意味理解への仕掛けがあり，自分の中でのスキルの向上が見える化されるような紙面を用意します。クラスには様々な書字レベルの子供が混在していますので，子供が自分で選べるように，なぞる文字の大きさや量を変えて数種類のワークシートをつくっておきます。

学習の流れ　❶曜日の単語に含まれる "day" の部分を確認します。

Ｔ曜日の単語の中には共通点がありますね。
　　見つけられますか？

Ｃ全部，"day" が入っています。何とか day!

ＴThat's right!　よく気づきました！
　　"day" 一緒に言ってみましょう。

Ｃday, day, day.

Ｔ（言いながら "day" の綴り部分をさし示す）

❷"day" の音韻を意識し，分解〜混成をしながらなぞります。

d d d day day day day

Ｔ"day" はひと塊のように聞こえますが，さらに小さい塊に分解することができます。/d/（ドゥッ）と /ay/（エイ）です。これらを足して滑らかにつなげると /day/ になります（/d/ と /ay/ のフラッシュカード等を見せ

日	英
日 曜日	☀ Sunday
月	☽ Monday
火	⚔ Tuesday
水	Wednesday
木	♠ Thursday
金	Friday
土	Saturday

ながら2つの音がくっついて1つの単語になる様子を見せる）。

Ⓣ（ワークシートを配り）文字を見ながら，一緒に発音してみましょう。

Ⓒ ドゥッ　ドゥッ　ドゥッ　エイ　ドゥッ　エイ　デイ　デイ！

Ⓣ今度は文字をなぞりながら言ってみましょう。ゆっくりでいいですよ。
　　ドゥッ　ドゥッ　ドゥッ　エイ　ドゥッ　エイ　デイ　デイ

❸各曜日の単語をなぞります。

Ⓣでは，曜日の単語をなぞってみましょう。日曜日の英語は何かな？

ⒸSunday!

Ⓣそうですね。では，ゆっくり言いながら，その音のところの文字をなぞって
　言ってみましょう。「サァン・デイ」。

Ⓒ「サァン・デイ」…「サァン・デイ」…「サァン・デイ」。

Ⓣ同じように，月曜日もやってみましょう。「マン・デイ」。

Ⓒ「マン・デイ」…「マン・デイ」…「マン・デイ」。

発展活動 ★ **❹見本を見ながら，徐々に自力で書くところを増やしていきます。**

Ⓣでは，発展活動もしてみましょう。文字が書かれていないところがあります
　が，上の段に書かれているのを見本にして書いてみましょう。言いながら書
　くことが大切です。「サァン・デイ」…「サァン・デイ」…（上段から
　下段へとなぞっていく様子を見せる）。

指導の ★ ●普段より音韻認識活動やフォニックス指導が入っていれば，よりスムーズに
ポイント 　進みます。ワークシートには，意味をわかって書けるように絵などを入れる，
　なぞる文字は字形を整えるため白抜きにしておく（はみ出さないように意識
　して書くようになります），始点や終点の目印を入れておく，などの工夫を
　入れておくとよいでしょう。また，いきなりワークシートに直に書かせるの
　ではなく，シートをクリアファイルに挟んでホワイトボードマーカーで書く
　ようにしたり，左利きの子が書きやすいような単語配置のものを用意したり
　しておくことで，どの子にも取り組みやすい環境を整えることができます。

流れ❸のシート

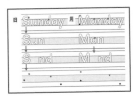
流れ❹のシート

ファイルに挟んで

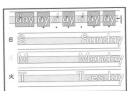
左利きの子供用（例）

（行岡 七重）

単語の成り立ちに気づく
曜日の日本語比較

言語	論理数学	音楽
身体運動	**21**	空間
対人	内省	博物

学習形態	全体	対象	小学校4年生〜
使用技能	読む・聴く・話す・慣れる・覚える		

Sunday, Monday, Tuesday などの曜日の単語をチャンツや歌などの音声で慣れ親しんだ後，日本語での曜日の言い方と視覚的に比較することで，"day" の意味と音（と綴り）がわかるようにする。

概要　英単語を導入する際，日本語と対比した提示で気づきを引き出すことができます。この見せ方では子供は論理数学的知能を使って規則性や概念を発見し，それを応用しながら英単語の音と意味をつなげていきます。特に曜日の単語では，共通して使われる音節部分（day）に気づくことで，その綴りにも親しむことができます。また，曜日の単語は天体に由来していることを扱えば，理科と連携させることもできます。

準備　曜日の単語カードを用意します。カードには，文字だけでなく，漢字のイメージ（日曜日なら太陽，月曜日なら月…）の絵も添えておきます。
　　理科（天体）と関連させるなら，土曜日のカードには土星の絵を載せておきます。

学習の流れ

❶曜日を表す日本語の文字（漢字1文字）を見せます。

Ⓣ What are these?

Ⓒ 曜日！

Ⓣ That's right!　すごいね，曜日って書いてないのに（漢字1文字だけで）わかるんだね！　では，英語では何と言うの？

❷英語の絵カードを提示します。

Ⓒ Sunday, Monday, Tuesday…

（歌で慣れ親しんでいるので一連では言えるようになっている）

Ⓣ Good!（発音を聞かせてリピートさせる）

❸単語内の語の構成に注目させます。

Ⓣ「日」だけでもわかるけど，本当は「日曜日」ですよね？

（「曜日」と書き足す）「日（にち）」と「曜日（ようび）」。
では，英単語の方はどうかな？

Ⓒあ！　もしかしたら"Sun"と"day"かも！

Ⓣすごい！　よく気づきましたね！（「曜日」の「日」の辺りに下線を入れる）他の曜日はどうかな？

❹"day"の意味と発音がわかるように示します。

Ⓒ他の曜日もそうなってる！　"Mon"と"day"，"Fri"と"day"。水曜日（Wednesday）は綴りが長いけど，これもそうなんですか？

Ⓣいい質問ですね！　そうですよ！（単語カードの"day"の箇所に"day""day""day"…と発音しながら下線を引き，綴りにも目がいくようにしながら示していく）では，全部の曜日の単語を見ながら言ってみましょう。"Sun-day"，"Mon-day"（文字をさしながら"Sun"と"day"の間を少し空けて読む）

Ⓒ"Sun-day""Mon-day""Tues-day"…

ⓉGreat!

発展活動 ❺曜日の単語の由来を学びます。

ⓉLook at this. Do you know what this is?
（Saturdayのカードをさし，絵に注目させる）

Ⓒ土星？

ⓉYes!　実は英語の曜日の単語は，星の名前からきています！

Ⓒ太陽とか月とかは何となくわかるけど，他のは想像つきません。

Ⓣそれでは，他の曜日がどうしてこんな単語になったのか調べてみましょう！

指導の ポイント ● ALT等とのティーム・ティーチングで行うと，日本語と英語についてより比較しやすくなります。類似点や相違点に気づいたり，様々な国のカレンダーを見て，月名や曜日の単語の略し方（その表記法）について考察したりすることもできるでしょう。

（行岡 七重）

言語　論理数学　音楽

身体運動　**22**　空間

対人　内省　博物

書きたい気持ちを育む
例文語句の置き換え遊び

| 学習形態 | 全体 | 対　象 | 小学校5年生〜 |

| 使用技能 | 読む・聴く・話す・書く・慣れる・覚える |

自分や身近な人のできることやできないことを，例文をなぞったり写し書きしたりしながら，示された語句から選んで置き換えて書けるようにすること，また自分の書きたい内容で書こうとする気持ちを育むことをねらいとする。

概要　音声で慣れ親しんだ単語や語句，文の意味を，絵や文字で視覚的に確認します。テキストの本文を例文としてなぞったり，見本を書き写したりした後，自分が書きたい内容にするために，示された選択肢の中から選んだり，オリジナルのアイデアで書くための支援を指導者がしたりしながら書いていきます。

準備　テキストの本文（自分のできることやできないこと，第三者のできることやできないこと）は，チャンツなどの音声教材で繰り返し慣れ親しんでおき，意味も大体わかるようにしておきます。

学習の流れ　❶意味理解の方法として，副詞の程度を絵と文字で示します。

jump

jump high

jump very high

音声で慣れ親しんだ単語や語句を，（副詞の程度の）変化がわかるように段階的に見せ，理解を促します。意味がつかめているかを確かめるために，イラストを空欄にして子供に絵を描かせるのもよいでしょう。

❷**文を構成する単語や語句を確認します。**

🅣では，今度は文を目で見て確認しましょう。文はどんな単語でできているのかな？（I, she, can, can't, play the recorder などの絵カードを見せて確認する）

🅣では，どんな順番で並んでいるのか見てみましょう。I can play the recorder. 私はリコーダーを吹くことができますって文で見てみるよ。

I   I   can   I   can   play the recorder.

（I can play the recorder. という文が３つのパートでできていることを
徐々に見せながら感じさせる）

T では，文の内容を変えてみましょう！　できることがけん玉だったら？

C I can play *kendama*!

＊ゆっくり I can の部分の絵カードを見せて，最後のところに間を持たせなが
ら，子供たちの発話を促し，絵カードで見せて確認する。慣れてきたら，人
称代名詞も変えて見せながら発話する。

❸ **なぞったり，写し書きをしたりします。**

かのじょは、ピアノをひくことができます。

She can play the piano.

かのじょは、ピアノをひくことができます。

She can play the piano.

★★　　　　★　　　★★　　　★

> 文字は，白抜きにすると，
> はみ出さないように書こ
> うとするため字形が整い
> やすくなります。写し書
> きは，見本を上に見なが
> らその下に書くようにし
> ます。
> 始点を示すことで４線上
> の正しい位置に書けるよ
> う支援します。

❹ **見本の単語や語句から選んで書いたり，オリジナルの内容で書いたりします。**

は、　　　　　　　　　　　できます。

can 　　　　　　　　　　　 。

は、　　　　　　　　　　　できません。

can't 　　　　　　　　　　 。

> 意味をわかって単語や語
> 句を書くことが大事です。
> 日本語の欄も設けましょ
> う。

**指導の
ポイント**　●高学年だからといっていきなりこの活動をするのではなく，前段階で必ず音
声による慣れ親しみが必要です。文を塊として聞いたり話したりできるよう
になってきている子供たちに，文の成り立ちやそれを構成している単語や語
句に視覚的に気づきながら，徐々に書けるようになっていくスモールステッ
プを経験させることは，子供たちが自分の中での成長を感じることにつなが
り，また次のステップへの動機を生むことにもつながります。　　（行岡 七重）

単体の単語から意味を持つ単語の つながりへの初歩的な文法指導ステップ

point 1 英語と日本語の違いを知る—明示的指導—

　言語習得研究には，「明示的学習」と「暗黙的学習」という二項対立的理論があります。まず，後者の「暗黙的学習」とは，例えば，我々が母国語である日本語を習得する乳幼児から，周囲にあふれている言語にさらされることにより，自然と知識としての言語能力と実践的運用力としての言語能力を獲得し，自由に操れるようになります。しかし，どうでしょう。日本語を自由に操る日本人だからといって，「象の鼻は長い」と「象は鼻が長い」の２つの文の構造の違いを全員が正確に説明できるとは限りません。なんとなくわかる，というのは，明示的に学習し習得する段階を経ていないからです。一方，「明示的学習」は，明確に意識をして学習をすることを意味します。よく英語は早期教育に限る，などと言われます。確かに，発音習得としてはそのように言えるでしょう。しかし，言語学習の臨界期（これ以降は言語習得に向いていないとされる時期）を越しても，発達した認知力を用いて，「明示的学習」をすることで，新たに第２言語を習得できる人は多くいます。

　「何気なく」「ぼんやりと」学習を進めるよりも，取り組む学習内容を明確にして指導することが，有効な学習者がいます。こういった学習者は，違いが大きくてはっきりしている事柄は理解しやすいですが，あまり大きな差異のない事項が並べられると，その学習に大きな難しさを感じてしまいがちです。そんな学習者には，英語学習を何気なく始めるのではなく，まずは，英語と日本語の言語としての違いをきちんと明確に説明する「明示的指導」を心掛けましょう。

point 2 英語と日本語の違いを知る—演繹的指導と帰納的指導—

　新しい学習事項を導入する際に，大きく２通りの方法が考えられます。演繹的指導と帰納的指導です。例えば，受動態の文法を初めて導入する際，「受動態のルールは，be 動詞＋動詞の過去分詞形＋ by //// です。//// によって〜

される，という意味になります」というように，まずは規則を明示的に提示して，そこから，演習に入り，定着を図ろうとすることを，演繹的指導と言います。一方，「The window was broken by John. This picture was taken by Tom. This bread was baked by my mother. これらの英文から共通のルールを探してみましょう。」というように，学習者自ら規則を考え，発見させるように促すのが，帰納的指導です。教育学的には，帰納的な学習方法によって得た知識の方が，定着しやすいと言われています。暗記したりすることに苦手意識のある学習者でも，その場で考えたり，発見したりすることは得意な場合があります。そういった得意な場面を準備することで，学習に向かう姿勢を保持する手だても必要です。ただ，発見して，既習の学習事項と結びつけることには，難しさを感じる学習者もいます。そういった場面では，クラス全体から発言される意見を教師が上手につなぎ合わせて，みんなで発見した形とすることで，クラス全体の雰囲気もよくすることができます。学びにくさがある学習者が在籍することを意識しすぎるよりも，学習者一人一人の得意な活動が散りばめられている授業を構成することで，インクルーシブな授業をつくりあげることができます。

point 3　英語と日本語の違いを知る—抽象的概念を具体的に—

　「昨日はどのような1日でしたか？」と訊かれて困ってしまう学習者がいます。そういった学習者には，「昨日は何をしましたか？」と質問を変えます。英語で言うならば，"How?" の質問よりも "What?" の質問の方が，答えやすいのです。なぜならば，What? は「何」かを訊かれているわけですから，その具体的な「何」を答えればよいわけです。一方，How? と訊かれた場合，何が求められているのか，質問の意図が曖昧に受け止められてしまうのです。このように，抽象的な概念が捉えにくい学習者には，例えば英単語学習の場面においても，単語の意味に単に日本語訳を与えるよりも，なるべく具現化したイラストを併せて使うことを心掛けましょう。文法学習においても，文字や口頭で説明することに加えて，文法の概念を具現化したイラストを用いることで，理解を促進し，定着を強化します。特に，日本語の文法にはない英語の文法規則であったり，概念であるものは，いくら言葉を多く並べて説明しても，学習者のワーキングメモリに保持されて，リハーサルされる分量が増えるだけで，負担が増えます。そこで，イラストといった絵画情報を与えることで，理解を後押しすることが可能となります。

（飯島 睦美）

数の概念がわかる
数えられる名詞

学習形態	全体	対象	小学校5年生〜
使用技能	聴く・話す・慣れる・覚える		

英語では「単数」「複数」の概念がとても大切だが，子供が混乱するポイントでもある。ここでは数えられる名詞について，冠詞a（an）や複数形のsについて知り，慣れ親しむことをねらいとする。

概要　授業を2段階設定とします。まず，第1段階は，クラス全体で丁寧に導入します。絵を見ながら語尾に /z/ の音をつけることが理解できてから，/s/ の音も学習します。ルールが理解できたことを確認してから，第2段階に入ります。第2段階では，1〜10の英語と単語を適宜組み合わせながらテンポよくスムーズに発話できることを目指します。

準備　1〜10の数字とそれを表す英語が書かれたカードをつくります。

車，犬，鉛筆などの基本単語の絵カードは，各品物（動物）について，1つだけ描かれた絵と複数描かれた絵の両方が必要となります。

複数形のsは，基本 /z/ と発音しますが，/s/ の音になることもあるので最初は /z/ のみで導入できるようにカードの縁の色を変えるなどして区別しておくと便利です。また，語尾がtで終わる単語（cat，present など），dで終わる単語（bird，friend など）にはまた別の読み方のルールがあります。語尾にsではなくesをつける単語（box，fox など）もあります。これらは，ここであえて触れる必要はありませんが，どれも身近な単語なので質問される場合もあるかと思います。子供の負担にならない程度に教えてあげてください。

/z/ のグループ　ball, chair, table, train, car, animal, picture, computer, bag, pen, dog, lemon, tree, flower など

/s/ のグループ　desk, book, park, bike, map, cup, cap, clip など

学習の流れ ❶いくつかの絵カード（1つだけ描かれたもの）を提示します。（1つずつ指さしながら）

T a dog, a pencil, a car, a ball, a computer….

英語では，ものが1つの時は，単語の前にaをつけます。では，これは？（本の絵カードを見せる）

C a book です。

T はい，そうですね。では，みんなで言ってみましょう。

C a dog, a pencil, a car, a ball, a computer, a book….

T よくできました。このaは，1つあるよということを示しています。

❷先ほどと同じものが複数描かれた絵を提示します。（1つずつ指さしながら）

T two dogs, three pencils, four cars, five balls, six computers….

（最初はsの音が /z/ であることを強調しながらゆっくり発音する）

今度は2つ以上あるから「a」はついてないよね。どうなっていましたか？

C 単語の最後に「ズ」がついていました。

T そうです！　「ズ」の音が聞こえましたか？　みんなで言ってみましょう。

C dogs, pencils, cars, balls, computers.

（全体のリピートだけでなく，個別に発音させて個々の子供の理解を確認する）

T では，今度はどうか，しっかり聞いていてね。

two books, three desks, four cups, five maps….

（sの音が /s/ であることを強調しながらゆっくり発音する）

C 最後の音が「ス」になっています。

T そうです。単語の最後の音が /k/ とか /p/ などの時は /s/ になります。まず，これらの単語を最後の音 /k/，/p/ に注意して発音してみましょう。

T book, desk, cup, map, bike.（全体，個人でリピートさせる）

T books, desks, cups, maps, bikes.（全体，個人でリピートさせる）

指導のポイント ●この活動は，まず説明せずに絵を見せながら口頭で導入します。その際，音への気づきが大切なので，綴りとも関連させずに「絵」と「音」だけで進めていきます。身近にあるたくさんのものについて実際に口に出して言ってみる経験が主な活動となります。例外についてはあまり気にせず必要に応じてさっと触れる程度にしましょう。絵については，数えることが負担にならないように，7〜8以下くらいの数がよいと思います。

（三木 さゆり）

数の概念がわかる
数えられない名詞

学習形態 全体　**対　象** 小学校5年生〜
使用技能 聴く・話す・慣れる・覚える

「量で測る名詞」を取り上げる。水や砂糖などの数えられない名詞は「入れ物（容器）」の数でカウントすることを知り，これらの言い方に慣れ親しむことをねらいとする。

概要　授業を2段階設定とします。まず，第1段階は，クラス全体で数えられない名詞は容器で数えることを確認し，その物質と，容器にあたる英語の発音を練習します。第2段階はグループ活動とし，各物質がどの容器でカウントするか考え，お互いに発表し合います。

準備　容器の絵（cup, glass, bottle, bucket, spoon など）をそれぞれ複数用意し，カウントしながら容器の絵を2つ，3つと黒板に貼ることで視覚的にも示すことができます。glass<u>es</u>, bucke<u>ts</u> の発音には注意が必要です。

three bottles of〜

two glasses of〜

練習用に使える英単語

cup グループ	coffee（コーヒー），tea（紅茶），Japanese tea（緑茶）
glass グループ	water（水），milk（ミルク），juice（ジュース），coke（コーラ）
bottle グループ	beer（ビール），wine（ワイン）
bucket グループ	snow（雪），rain（雨），sand（砂）
spoon グループ	sugar（砂糖），salt（塩），honey（はちみつ）

＊「一匙」は a spoonful of〜がよく使われていますが，ここではわかりやすさを重視し，a spoon of〜を使っています。

学習の流れ 🅣では，水やジュースのような液体とか，砂糖や砂のような量で測るものについて考えてみましょう。どんな表し方をすると思いますか？

🅒〜リットルとか，〜グラムとか。

🅣そうですね。そんな表し方もありますね。お砂糖１キロとか，水２リットルとかですね。では，コーヒーとか紅茶とかはどうですか？

🅒１杯とか２杯です。

🅣そうですね。コップ１杯と言いますね。このように入れ物（容器）で数える方法もあります。今日は，入れ物の数で表す言い方を練習しましょう。次のものはどんな容器で数えるかな？　ジュースは？　ワインは？
このように子供が答えた容器の絵を黒板に貼り，確認していきます。

🅣（コップの絵を提示して）a cup と言いましたね。
（コップの絵をもう１枚貼って）カップが２つです。英語で何と言いますか？

🅒two cups です。

🅣そう。ではこれは？（もう１枚貼る）

🅒three cups です。

🅣そうですね。このコップの数で２杯，３杯を表します。つまり，two cups of coffee, three cups of coffee. です。一緒に言ってみましょう。

two cups of〜

🅒two cups of coffee, three cups of coffee.

＊こうして，glass, bottle などについても同様に練習します。この時，容器の方をカウントするので，coffee や beer 自体には複数形の s がつかないことを経験的に学びます。

指導の ポイント ●a bottle of beer（１本のビール），a glass of beer（グラス一杯のビール）のように複数の言い方があるものもあり，正解はありません。

●時間があれば，ペア（１対）で数えるものを紹介するのも面白いです。
「１対の〜」は「a pair of〜（複数形）」で表します，
お箸（chopsticks），靴（shoes），手袋（gloves）などは日本語の「１対」という感覚と同じですが，ジーンズ（jeans）や眼鏡（glasses），ハサミ（scissors）なども英語では a pair of で数えます。複数形は two pairs of〜です。

a pair of glasses

（三木 さゆり）

順番を表す序数を学ぶ
～番目カード

25

学習形態	全体・個別	対象	小学校5年生～

使用技能	聴く・話す・慣れる・覚える

序数とはある一連の順序のどこに位置するかということを示す「～番目」という概念である。「基数」と「序数」について意識させ，序数が生活のどこで使われているかを知り，それらの表現に慣れ親しむことをねらいとする。

概要　授業を2段階設定とします。まず1段階目は，クラス全体で基数と序数の違いを日本語で説明し，序数が「～番目」という概念であることを確認します。そして，first, second, third を練習した後，具体的に使い方を練習します。序数についての理解を確認してから，～th をつけて表す4番目から10番目までを加えます。2段階目は，これらの表現を使って自分の座席やロッカーの位置などを英語で表現してみます。

準備
・first から tenth までの序数が書かれたカード（全体指導用）
・「～階」練習用のビルの断面図（下図参照）
・floor「階」，grade「学年」（～年生），anniversary「記念日」（～周年），
　birthday「誕生日」，と書かれたカード（下図参照）
・座席の位置を説明する時用の教室内座席図，front「前」，back「後」，
　right「右」，left「左」と書かれた英語カード

7階
6階
5階
4階
3階
2階
1階

ビルの断面図

the （　　　　　） floor
　　　　　　　　　　階

1階は？　3階は？

the （　　　　　） grade
　　　　　　　　　　学年

2年生は？　4年生は？

学習の流れ ❶**野球のベースの図を提示する。**

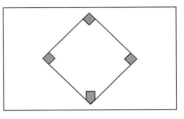

T（一塁を示し）ここは何と言いますか？

C ファーストです。

（以下，セカンド，サードも確認し，ホームベースをさしながら）ここからスタートして，1番目のベースをファースト，2番目をセカンド，3番目をサードと言いますね（と言いながら，各ベースに英語カードを貼る）。一緒に言ってみましょう。

first, second, third.（片仮名英語との発音の差を意識させる）

C first, second, third, first, second, third.

❷**ビルの断面図を提示します。各階をさしながらゆっくりと言い方を確認する。各階には先ほどの英語カードを張りましょう。**

T first floor, second floor, third floor.

C first floor, second floor, third floor.

T どういう意味ですか？

C 1階，2階，3階です。

＊このように，the second grade（2年生），the third anniversary（3周年），the first birthday（1歳の誕生日），the first love（初恋）などのカードを見ながら，これらが「〜番目の」をさしていることを確認します。この段階で，4番目〜10番目と，序数の前には the がつくことも紹介します。

❸**教室の座席図を黒板にて提示し，front, back, right, left の表現を確認すれば「前から〜番目」「右から〜番目」という表現を使い自分の座席について言うことができます（from the front, from the right などと言う）。**

❹**日付についても，「〜番目の日」という意味で序数が使われます。今日の日付や自分の誕生日を序数を使って表す活動にも発展させることができます。**
（例）January the second（1月2日）

指導のポイント
● 1階，2階，3階は，シンプルさを重視して，まずはアメリカ式で学習します。ただしイギリス式（1階が ground floor からスタートする）も紹介はしておいた方がよいでしょう。

● fifth と eighth は個別の説明と練習が必要です。

● 月の名前と eleventh 以降は，習っていないので，教科書の序数一覧表などを見て書かせるようにしましょう。

（三木 さゆり）

言語	論理数学	音楽
身体運動	**26**	空間
対人	内省	博物

日本語と英語で単語の並び方の
違いがわかる

I dog like…

| 学習形態 | 全体・個別 | 対象 | 小学校3年生〜 |
| 使用技能 | 読む・聴く・慣れる・覚える |

子供たちが学ぼうとしている英語は，日本語とは多くの点で異なる。様々な違いの中でも，単語の並び方が異なることを知るのは，今後の英語学習の基礎となる。この基礎を築くことをねらいとする。

★**概要**　授業を2段階設定とします。まず，第1段階は，言語材料の導入をします。クラス全体で丁寧に簡単な英単語を導入します。次に基本となる日本文と英文の形を導入します。基本文が定着したことを確認して，第2段階に入ります。第2段階では，テンポよくスムーズに発話できることを目指して，一人一人の子供の手の動きと発話ができていることを確認しましょう。

★**準備**　・英単語カード　　・単語カードを乗せる枠　　・矢印カード2枚
　この時点で文字に抵抗のある子供がいる場合，イラストがつけてあっても構いません。準備するカードは，主語と動詞，目的語となる英単語と日本語単語です。カードを準備する際に，子供とやりとりしながら作成したり，または子供自身につくってもらうのも学習意欲につながります。

| cook | read | eat | soccer ball | book | orange |

動詞のカード　　　　　　　　　　　　　　　　　目的語のカード

動詞の例　buy, cook, drink, eat, get, like, make, play, read, see, sing, stop, study, want, wash, watch

目的語となる名詞の例　a CD, my room, curry rice, orange juice, lunch, a watch, my friend, soccer, a story, a picture, a song, English, music, Japanese, a doll, a car, TV

学習の流れ ❶英単語の絵カードを提示して，音と意味を確認します。

Ｔ これは何ですか？　発音してみましょう。

Ｃ dog.

Ｔ そうですね。先生の後に続いて繰り返しましょう。繰り返しながら意味も考えましょう。dog，dog，dog.

Ｃ dog，dog，dog.

Ｔ はい。よくできました。では，これはどうですか？（同様にすべての単語の音と意味を確認する。一通り定着したら，次に進む。）

❷右のように日本語の単語カードを文に並べながら提示します。

Ｔ 大きな声で続けて読んでみましょう。

Ｃ 私は，犬が好きです。

Ｔ そうだね。私は，犬が好きです（日本語単語カードを指さしながら日本語を声に出す）ですね。では，これを英語で言うとどうなるかな？　わかる人は大きな声で言ってみてください。

Ｃ "I dog like…."

Ｔ そう。日本語をそのまま英語にすると，I dog like だよね。ここが大切です！　日本語と英語は単語の並び方が違うんです。よく聞いてください。英語では，「私は」の次は「好きです」，その後に「何が」がきます（ここで矢印カードを図のように提示）。さぁ，もう一度考えましょう。どうなりますか？

Ｃ I like a dog.

Ｔ そうですね。よくできました。I like a dog. です。では，先生の後に続いて繰り返しましょう。

＊これが基本文です。この基本文がしっかりと定着するように繰り返した後，日本語の動詞と目的語をほかの単語に置き換えて，英語に直す活動を進めます。英語の単語カードは黒板に提示したままとし，子供が常に見られるようにします。

I（私は）

like（好き）

dog（犬）

日本語：私→犬→好き
英　語：私→好き→犬

指導の ポイント ●まずは，英単語の音と定義をしっかりと練習して，第２段階では，基本文が定着した後に，テンポよく活動を進めていけるようにしましょう。日本語と英語の両方を提示することで，違いを常に確認できます。

（飯島 睦美）

言語	論理数学	音楽
身体運動	**27**	空間
対人	内省	博物

人称に慣れる
私から見た
あなた，彼・彼女

学習形態	全体・個別	対象	小学校5年生〜
使用技能	慣れる・覚える		

人称の問題は，英語を使って話す，書く際に基本となる事項である。この人称に慣れていることにより，否定文や疑問文の導入にもつながりやすくなる。

概要　人称は，3人称単数現在形を扱う段階で初めて出てきます。3人称単数現在形の文法には，人称，名詞の数，時制の3つの事項が関わっています。名詞の数や時制はそれだけで取り上げられる項目ですが，人称は何となく触れられて終わり，という指導が多く見られます。曖昧なことこそきちんと明示することが，わかりにくさを持つ子供には有効です。

準備　実は，人称の問題は，抽象的な概念に苦手感のある子供には，難しさを感じやすいものですので，なるべく具象化できる教材を準備します。

下の9枚のイラストカードと語句カードを準備します（実際の形は次のページを参照）。「1人称，2人称，3人称」の3枚のカードは，透明ファイルに手書きをして，イラストに重ねられるようにしてもよいでしょう。イラストが隠れないようにしてあると，子供は理解しやすいです。

1人称　2人称

私
私たち

あなた
あなたたち

3人称

① 話す人

② 聴く人

③ 2人以外の人

学習の流れ ⭐　まずは，以下のように始めます。

🔲今日は，お話する人，聴く人，それ以外の人について勉強しましょう。まずは，図のように，お隣さんと向かい合ってみましょう。

🔲（机が隣同士向かい合う）

🔲はい。では，先生から見て左側の人を話す人，右側の人を聴く人，2人以外をそれ以外の人と設定します。話す人から番号を振っていきます。話す人を①，聴く人を②，2人以外は③です。①の人，手を挙げてください。②の人，手を挙げてください。はい，そうですね。そして向かい合っている2人以外が③の人となります。では，①の人は自分のことを何と言いますか？

🔲私です。

🔲そうですね。私です。では，①の私から見て，目の前の②の人は何と言いますか？

🔲あなたです。

🔲その通りです。①の私を「話をする1人称」，②のあなたを「話を聴く2人称」と言います。では，1人称，2人称以外を何と言うでしょうか？

🔲3人称。

🔲そうです。よくできました。話す人，聴く人以外は，3人称ですね。確認しておきましょう。自分から始めて，①の1人称，目の前の相手を②の2人称，それ以外が③の3人称ですね。

指導の ⭐ ●この活動は，指導者が口頭での説明と同時に図を展開させていくことで，理解の過程を具体化しているものとなります。黒板にイラストと語句カードを残したまま子供に自分の言葉で再現してもらうと定着が促進されます。
ポイント

（飯島　睦美）

現在・過去・未来が理解できる
魔法の数直線

| 学習形態 | 全体・個別 | 対　象 | 小学校５年生〜 |

| 使用技能 | 聴く・話す・慣れる・覚える |

日本語では主に副詞を使って，過去や未来を表現することが多くあるが，英語では動詞句の部分で時制を表すことが基本となる。時刻を動詞句の部分で表現することの習得をねらいとする。

概要　授業を２段階設定とします。まず第１段階は，多くの例を見たり聴いたりすることから，帰納的に時制のルールへの気づきを促します。ルールをまとめて提示してから，第２段階に入ります。第２段階では，テンポよくスムーズに発話できることを目指して，パターンプラクティスの形で一人一人の子供が発話できていることを確認しましょう。

準備　子供のほとんどがすでに知っている英単語の動詞とそれに続く目的語や補語の絵カードをつくります。以前に使ったものと同じ絵カードで構いません。黒板には，横幅いっぱいに数直線を描きます。この数直線は，時の流れを示すものとなり，その下に作成した英単語絵カードが並んでいきますので，下にスペースを十分にとるようにしてください。

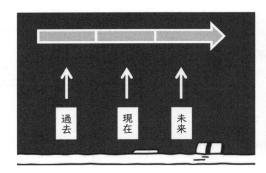

時刻を表す数直線　例

動詞の絵カード

動詞の例　check, clean, cook, play, want, wash, watch
目的語となる名詞の例　the time, curry rice, a watch, an apple, soccer, a movie, a car, TV

学習の流れ ❶**黒板に数直線を横いっぱいに描きます。**

Ｔ（数直線を指さしながら）みなさん，これは時の流れを示す数直線です。今日は，英語で時をどのように表現するのかについて勉強します。（数直線の真ん中あたりを指さしながら）ここは，現在です。では，（数直線の左側を指さしながら）このあたりはいつでしょうか？

Ｃ過去。

Ｔそうだね。よくできました。では，こちらはいつでしょうか？

Ｃ未来。

Ｔはい。その通りです。

❷**続いて，数直線を指さしながら次の英文を話し，聴いてもらいます。**

Ｔでは，みなさん，次に現在，過去，未来の英文を言います。よく聴いて，共通するルールを発見してください。（現在を指さして）I cook lunch.（過去を指さして）I cooked lunch.（未来を指さして）I will cook lunch.（I watch TV.－I watched TV.－I will watch TV. I wash my car.－I washed my car.－I will wash my car. を２，３回繰り返して，特に動詞の部分を強調しながら聴かせる）何かルールに気づきましたか？

Ｃクックがクックトゥやウィル　クックになっていました。

Ｔそうだね。よく聴き取れました。英語では，過去や未来を表すのに動詞の部分が変化します。過去形では単語の最後が変わります。未来形では，単語の前に will がつきます。では，カードを見ながら繰り返しましょう。（絵カードを置きながら）I cook lunch.－I cooked lunch.－I will cook lunch.（他の表現も繰り返す）I watch TV.－I watched TV.－I will watch TV. I wash my car.－I washed my car.－I will wash my car.
一緒に言ってみましょう。

指導の ポイント ●この活動は，英語では動詞の部分で時制を表現し，動詞が変化することを知ることがポイントです。この段階で無理に単語の綴りを求めると，規則変化，不規則変化といった複雑な問題も出てきます。

（飯島 睦美）

輪になって英文パス

英語で質問する―答える方法がわかる

学習形態 全体　**対象** 小学校5年生〜
使用技能 聴く・話す・慣れる・覚える

英語の語順は日本語の語順と異なることを知ったら，次は疑問文や否定文の
つくり方の学習に入る。単語の場所が入れ替わったり，単語が加わることに
気づくことをねらいとする。

概要　授業を2段階設定とします。まず第1段階は，基本文となる肯定文の復習か
ら入ります。基本文がしっかりと定着していることを確認できたら，第2段階
に入ります。第2段階では，子供が輪になって英文をパスしていく形で，テン
ポよくスムーズに発話できることを目指します。一人一人の子供が発話できて
いることを確認しましょう。

準備　子供のほとんどがすでに学習している簡単な英文カードを準備します。

・I am a student.

・I like a dog.

この二つの英文が基本文となります。この基本文を使って，Yes/No 疑問
文，否定文，Wh- 疑問文につなげていきますので，以下の英文カードも準備
します。

・You are a student.

・Are you a student?

・Yes, I am.　No, I am not. I am not a student.

・You like a dog.

・Do you like a dog?

・Yes, I do.　No, I don't. I don't like a dog.

・What do you like?

・I like a dog.

大きなカードを準備して，教室全体に見えるように進めていく方法と，カー
ドを小さくして数組つくり，グループで進めていく方法があります。この活動
は，全体で一度やってみてからグループ単位での活動になりますので，小さな
カードもあるとグループ活動がやりやすくなります。

❶**まずは，基本文の確認と定着から始めます。**

Ｔみなさん，今日は英語で質問したり，答えたりする方法を勉強しましょう。
まずは，次の英文を聴いて繰り返しましょう。I am a student.

Ｃ I am a student. I am a student. I am a student.
（下の2枚目以降も同様に発音練習をする）

I am a student. You are a student. Are you a student? Yes, I am. No, I am not.
I am not a student.

❷**実際にグループをつくって活動します。**

Ｔでは，次は5人のグループをつくって輪になりましょう。最初の人は，I
am a student. と言い，それを聴いた隣の人は，You are a student. と
言います。そのお隣の人は，Are you a student? と次の人に聴きましょ
う。聴かれた人は，Yes, I am. と答えましょう。その次の人は，No, I am
not. I am not a student. と答えます。今度は逆回りで，I am a student.
から始めます。順番を入れ替えて，5回繰り返してみましょう。

＊同様に，I like a dog. → You like a dog. → Do you like a dog? → Yes,
I do. → No, I don't. I don't like a dog. → What do you like? → I like
a dog. をまずはすべての英文の確認と口慣らしから始めます。定着したら，
今度は6人組で同じように輪になって順番に行います。

指導の
ポイント ●この活動は，補語と目的語の入った基本英文から，その内容を尋ねる基本的
な疑問文をつくる過程を示すものです。使う英単語は，子供がよく知ってい
る日常的なものを使い，英単語の理解に認知力が奪われないように留意しま
す。

（飯島 睦美）

言語　論理数学　音楽

身体運動　**30**　空間

対人　内省　博物

正しい語順が学べる
カードゲームで文づくり

| 学習形態 | 全体 | 対象 | 小学校5年生〜 |

| 使用技能 | 読む・聴く・話す・慣れる・覚える |

文構造への気づきが弱い子供にも，ランダムに配られたカードの運次第のゲームにより，臆することなく参加を促し，すべての子供の習熟を図ることをねらいとする。

概要　音声で慣れ親しんできた単語や語句の絵カードを，文として正しい語順で並べて視覚的に見せることで，その構成のパターン（文構造）に気づかせます。班で行うカードゲームを通して，自分の行為に加え，友達の出すカードの様子を見ることで，正しい語順の文をつくるための知識がより強化されていきます。

準備　テキストの本文に使われている単語や語句の絵カードは，文構造での位置やその役割が目でも確認できるように，差別化しておきます（主語になる代名詞はカードの背景色を薄ピンク色，can と can't は薄灰色，動作の語句は薄緑色にするなど）。

| I | We | can | jump | play the piano |

| She | He | can't | sing | run fast |

代名詞カードは薄ピンク色　　薄灰色　　　　動作は薄緑色　　と色分け

学習の流れ　❶**文構造をカードで見える化します。**

Ｔできることやできないことを述べる表現を勉強したね。「私はピアノをひくことができます」って英語でどう言うんだっけ？

Ｃ I can play the piano.

Ｔそうだね。では，前に来て，その文をカードで並べてもらうよ。
　よくできました。I can play the piano. 一緒に言ってみましょう。

（カードごとにさしながら発話をリードする。3つのパートで文が構成されていることを視覚化するため，カードとカードの間隔も意識させる。文を書く際，スペースを意識することへの布石）

❷文構造を意識してカードを選べるようにしていきます。

🅣文の中の語句の順番を守ることで，伝えたい内容の文が表せるみたいだね。並べ方を変えると意味が変わってしまうこともあります。

＊3枚のカードを適当に並べ替えて見せる。can I play the piano を上げ調子で聞かせたら Can you play the piano? を想起する子がいるかもしれませんし，動作の語（句）をもう1枚提示し，間違った位置に置いて示せば，並列で述べる文構造への気づきが図れるかもしれません。

❸正しい語順で文がつくれるようにしていきます。

🅣班でカードゲームをしましょう！　やり方を見せます。

①代名詞，can と can't，動作の語句のカードをたくさん用意し，各自に同じ枚数ずつランダムに配ります（子供の手に持てる枚数）。「場」に補充カードもたくさん積んでおきます。

②順番を決め，最初のプレイヤーは手元のカードの中から3枚を選んで発音しながら「場」に語順正しく出します。文をみんなで読みます（文にならないパターンのカードしかない場合もありますが，それでもめげずに言いながら並べて出す）。プレイヤーは補充カードの山から3枚取って持ち，次のプレイヤー以降も同様に行っていきます。
補充カードがなくなるまで，または時間を決めて，実施します。

指導の ポイント

●このカードゲームでは，正しくない文ばかりが続くと，徐々に子供たちの中でカードの配り方を工夫するような動きが起こってきます。正しい文に並べるための工夫です。自ら学ぼうとし始める瞬間です。

●これまで聴く・話す活動で慣れ親しんできたことを，読んだり書いたりにつなげるための橋渡しになる活動です。もし，ドリルなどで「書く」活動を先にしてしまった場合でも，この活動を行えば，書き写しただけになっていたかもしれない文を，意味をわかった上で組み立てながらつくっていくような機会にすることができます。

（行岡 七重）

内なる力から発信する力への初歩的な話す指導ステップ

point 1　英語と日本語の音のリズムの違いに気づく—考えながら話すことの難しさ—

　「話す」という活動は，伝えたいこと，伝えなければならないことがあって，そして，その内容が伝わる単語と文法の知識で文を構成しながら，音に変換してアウトプットをするものです。つまり，考えながら話すことは，考える作業とそれを音に変換する作業の二重の負担が話し手にかかってきます。よって，特にワーキングメモリの容量が小さい学習者にとっては，「さぁ，自己紹介をしてみましょう」といきなり言われても，戸惑いが隠せない状況に陥りやすくなります。よって，「話す」，つまり言語音を口から出すことに慣れる活動をしておくことが肝要です。そのためには，まず，母国語である日本語と目標言語である英語の音やリズムの違いを明示的に知ることから始めましょう。英語を聴いて，自らその発音の特徴や日本語との違いに気づくことができれば，英語を発話する際に，その違いに気をつけて発声することができます。しかし，聴くだけの活動では，うまく情報をキャッチできない学習者の場合，きちんと明示的に違いを提示し，説明を加えることにより，発音やイントネーションが改善されるケースが少なくありません。右の図のように，図で示してあげたりすると，視覚的にもその違いを理解することが可能となります。楽譜を使わなくても，単に音の高さを示したり，音の長さを手拍子をして示したりすることも可能です。

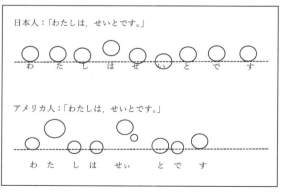

発音とイントネーション

point 2 英語のリズムとイントネーションに慣れる—考えながら話すことの難しさ—

　point 1 で述べた「気づく」段階を経て，次は「慣れる」段階に進みましょう。ワーキングメモリにかかる負荷を軽減するためには，無理に意識をしなくても活動ができるようになることが必要です。「真似る」「覚える」という機械的な活動は，コミュニカティブではないとして，批判されることがしばしばです。しかし，「真似て覚える」ことで，自然と口からアウトプットされるようになり，英語のリズムやイントネーション，さらには共起関係なども習得されることが期待されます。よって，コミュニカティブではないという理由で，ミムメム（mimicry & memorization の略：真似て覚える活動）やパターンプラクティス（目標文法項目の定型文の一部を機械的に変換する活動）といった練習が全面的に否定されてしまうのは残念です。ダイバーシティがキーワードとなっている現在の小学校，中学校，高校においては，様々な特性や背景を持つ学習者が混在しています。「真似て覚えて慣れる」ことから，発信することのステップにつながるケースも期待されます。

point 3 文字と音以外のコミュニケーションツールを知る

　コミュニケーションツールは，文字や音だけではありません。聴覚障害者はコミュニケーションの手段として手話を用いたり，視覚障害者は点字を使って情報を得たりします。さらに，障害の有無に関わらず多用されるジェスチャーは，興味深いことに，文化や社会それぞれの中で生まれ，育ち，使われているもので，日本語と英語の間にも違いがあります。英語圏で使用されるジェスチャーを学習しておくことで，英語で話す時により英語らしい身体表現を加えることが可能となります。さらに，文字や音の扱いに苦手感のある学習者，特に身体的運動を得意とする学習者などは，ジェスチャーで伝わるコミュニケーションがあると実感できることで，英語学習へ向かう思いを完全に閉ざすことなく，継続できる可能性が出てきます。こういった，英語の単語や文法に直結していないものの，英語学習への興味や関心を引くものとして，対照比較文化的項目を教材として扱うこともおすすめです。ジェスチャーの他に，色の持つイメージやことわざ，そして和製英語なども，日本人と英語圏の人々が様々な事象をどう捉えるのか，その違いや言語を支える概念の形成の仕方を垣間見ることにより，外国語学習への興味をわかせることも期待されます。　　　　　（飯島 睦美）

日本語と英語のリズムがつかめる
俳句・標語

| 学習形態 | 全体 | 対象 | 小学校５年生〜 |

使用技能　聴く・話す・慣れる・覚える

１文字の音の長さが均一である日本語と，プロソディ（音節とイントネーション）が重要な英語との違いを知り，慣れることをねらいとする。文字に難しさのある子供でも，英語音に慣れることに長けているケースも多々ある。

概要　授業を２段階設定とします。まず第１段階は，日本語と英語の違いに気づきます。第２段階では，英単語や英文を用いて，何度も繰り返して英語のリズムに慣れていきます。

準備　第１段階で使う教材をつくります。まずは，日本語と英語の音の数え方の違いを示すために，俳句を利用します。時間があれば子供に標語をつくってもらうと日本語の音の数え方を再認識することができます。教師用の簡単な俳句とイラスト，交通安全の標語例なども準備しておきます。

ふるいけや
かわずとびこむ
みずのおと

The ancient pond

A frog leaps in

The sound of the water.

（ドナルド キーン 訳）

　第２段階では，次のような英文の入ったイラスト入りのカードを準備しておきます。

"Thank you." "You are welcome." "Good morning." "How are you?" "I'm fine, thank you. And you?"

学習の流れ　第１段階の導入です。

T 俳句を知っていますか？　俳句は，５・７・５の音でつくる短い詞ですね。例えば，松尾芭蕉という有名な人が昔いました。こんな句をつくりました。（イラストを見せながら）古池や蛙飛びこむ水の音。一緒に音を数えてみま

しょう。（指折りしながら一緒に音を数え）古池や（小休止して指の数を目で確認）蛙飛びこむ（小休止して指の数を目で確認）水の音。（小休止して指の数を目で確認）どうですか？　5・7・5の音でできていて，口ずさみやすいですね。同じように，5・7・5でできているみなさんのより身近なものに「標語」があります。例えば，あいさつ運動や交通安全の標語をよく見かけますね。例えば，（指折りしながら）"こんにちは　大きな声で　いい気持ち"　5・7・5ですね。では，みんなもつくってみましょう。
（標語づくりの活動：5分程度）

T そうだね。よくできました。では，英語ではどうでしょうか？　さっきの芭蕉の俳句を英語に訳してみると，The ancient pond / A frog leaps in / The sound of the water. となります。日本語のように指を折りながら，音を数えてみましょうか？（指折りしながら英文を復唱）難しいですね。日本語のように1文字を発音するごとに指を折ることはできませんね。そうです。これが日本語と英語の違いの1つです。日本語では，1文字の音の長さは同じです。ですが，英語は違うのです。そのために，日本人が英語を話す時，アメリカ人が日本語を話す時，それぞれの国の言葉の特徴が表れます。では，次に，みなさんがよく知っている英語表現を使って，英語の音のリズムに慣れていきましょう。では，こちらを見てください。
（Thank you. You are welcome. のイラストカードを見せながら）なんと言いますか？

C Thank you. You are welcome.

T はい。そうですね。（片仮名読みの発音を注意しながら）サンキュー　ユァウェルカム（下線部に強勢をおき，thank の最後の音と you の最初の音が融合することを強調しながら）繰り返してみましょう。（同様に練習 "Good morning." グッモーニング "How are you?" ハウァァユウ "I'm fine, thank you. And you?" アイムファイン　サンキュー　アンヂュウ）

指導の ポイント ●この活動は，日本語と英語の音の違いに気づき，発音する際に気をつけることがポイントです。1文字1音で1音の長さが同じである日本語と，強勢とリズムが基本であり，この違いが原因で日本人の話す英語が聴き取ってもらえないことにつながります。文字に難しさのある学習者でも，英語スピーチをしてもらうと非常に流暢な英語を話すケースは少なくありません。他の学習者の前で，こういった一面が披露できると，自信をなくさずに学習を進めることができます。
（飯島　睦美）

言語	論理数学	音楽
身体運動	**32**	空間
対人	内省	博物

英語のイントネーションが習得できる
キャッチボール

| 学習形態 | 全体 | 対象 | 小学校5年生〜 |

使用技能　話す・慣れる・覚える

平叙文や疑問文のイントネーションに注意しながら，英文を話すことができることをねらいとする。

概要　日本語が話されている様子と英語が話されている様子を比べると，日本語は単調な言語ですが，英語は音のピッチ（高さ）やリズムに富んだ言葉であることがわかります。英語と日本語が話されている音を音楽の五線譜に音を記してみると，一目瞭然です。平叙文，Yes/No 疑問文を同時に復習することで，イントネーションの違いを習得していきます。

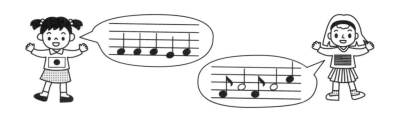

準備　平叙文（肯定文・否定文），相手に同意・否定の返答を求める Yes/No 疑問文，相手から知りたい情報を得ようとする Wh- 疑問文の3種類の英文とその内容に応じたイラストカード，上向きと下向きの矢印カード，ボールを準備します。

平叙文英文例　"I like a dog."　"I don't like a cat."

Yes/No 疑問文例　"Do you like a dog?"

I like 　　　　　I don't like 　　　　　Do you like

学習の流れ ❶平叙文（肯定文）のイラストカードを提示します。

Ｔ さぁ，みなさん。今日は英語らしい音の流れについて勉強しましょう。
このイラストを見てください。イラストの内容を英語で言えるかな？

Ｃ I like an apple.

Ｔ そうだね。よくできました。I like an apple.（ボールを持ったまま）さぁ，
では，先生の後について繰り返してみましょう。I like an apple.

Ｃ I like an apple.

Ｔ 英文の一番最後は，上向きですか？　下向きですか？

Ｃ 下向き！

Ｔ そうですね。I like an apple.（apple という際，下向きの矢印カードをつ
ける。）よくできました。（否定文も同様に練習）

❷ Yes/No 疑問文のイラストカードを提示します。

Ｔ このイラストを見てください。犬が好きですかと聞く時，何と言うかな？

Ｃ Do you like a dog?

Ｔ そうだね。○○さん，Do you like a dog?（ボールを○○さんにパスして）
この文の最後は上がっている，下がっている？　どっちかな？

Ｃ 上がっています。

Ｔ そうだね。こっちの２つをもう一度英語で言ってみよう。（先の２枚のイラ
ストをさして，肯定文・否定文を復習してもらう。指導者がボールを持ち直
し，パスはしない）どう違う？

Ｃ 前の２つは最後が下がっているけど，この文は上がっている。

Ｔ はい。よくできました。「はい」または「いいえ」の答えを知りたい時の質
問は，最後を上げて相手が答えを言いやすいように，ボールをパスしましょ
う。ボールをもらった人は，Yes か No で答えます。練習してみましょう。
Do you like a dog? Yes, I do.　No, I don't.（全員が言えるまで練習）

指導の ポイント ●この活動は，イラストを示して，ボールをパスしながら英文を口にするとい
う複数の動作を同時に行う活動です。視覚からの刺激と運動を加えながらや
ることで，複数の感覚を使う活動となっています。

（飯島 睦美）

英語特有の音の発音に慣れ親しめる
早口言葉で口の体操

| 学習形態 | 全体・個別 | 対象 | 小学校5年生〜 |

| 使用技能 | 話す・慣れる・覚える |

英語には日本語にない音がたくさんあり，英語を発音する時には日本語を発音する時とは違う舌や唇の動きが必要となる。早口言葉を練習し，必要な口の周りの筋肉をほぐしながら，英語特有の発音に慣れ親しむ。

 概要　早口言葉を1つずつ黒板に大きく表示し，クラス全体で，簡単に意味を確認しながら読み方を練習して音の響きを楽しみます。そして，自分の好きな早口言葉を練習したり披露したりします。

 準備　早口言葉を書いた大きな紙。早口言葉に出てくる人，動物，ものなどの絵があればイメージするのに役立ち，音読のヒントにもなります。クラス全体で練習する時のものは，全員が見えるくらいの大きさが必要です。または，パワーポイントなどで準備し，スクリーンに映し出すことも可能です。

早口言葉の例

・Eight apes ate eight apples. （8匹の猿が8つのリンゴを食べた）

・People pick pink peas. （人々がピンクの豆を摘んでいる）

・I saw a kitten eating a chicken in the kitchen.
（台所でチキンを食べている子猫を見た）

・I scream, you scream, we all scream for ice cream.
（私は叫ぶ，あなたは叫ぶ，私たちは皆，アイスクリームのために叫ぶ）

・Red lorry, yellow lorry, red lorry, yellow lorry, red lorry, yellow lorry. （赤いトラック，黄色いトラック）

・He threw three free throws. （彼は3本のフリースローを投げた）

・A big black bug bit a big black bear.
（大きな黒い虫が大きな黒い熊を噛んだ）

・Fred's friend found five funny frogs from France.
（フレッドの友達はフランスから来た5匹のおかしなカエルを見つけた）

・She sells sea shells by the seashore. （彼女は海辺で貝殻を売っている）

・Peter Piper picked a peck of pickled peppers.
（ピーター・パイパーはたくさんの唐辛子の酢漬けを拾った）

学習の流れ 早口言葉と絵を黒板（スクリーン）に提示します。

Ⓣ (猿の挿絵を1匹指さしながら) This is an ape.
apeって何ですか？

Ⓒ 猿です。

Ⓣ そうです。猿って別の英語もあるよね。

Ⓒ モンキー。

Ⓣ その通り。でもね，ゴリラとかオランウータンみ
たいに，尻尾がほとんどないものは ape って言う
んですよ。覚えといてね。何匹いるかな？
One, two, three…（と8まで数えて）
How many apes?

Ⓒ Eight.

Ⓣ そうですね。8匹います。Eight apes. では，こちらを英語で言ってくださ
い。

Ⓒ eight apples です。

Ⓣ そうです。この猿たちがリンゴを食べました。「食べました」というのはこ
の単語で ate エイトと言います。eight と同じ発音です。（ate，eight の単
語カードをそれぞれ指さしながら）一緒に言ってみましょう。

Ⓒ ate, ate, ate. eight, eight, eight.

Ⓣ では，ゆっくり聞いてください。（それぞれの単語を指さしながら）
Eight apes 8匹の猿たちが ate 食べました eight apples. 8個のリンゴ
を。みんなでゆっくり言ってみましょう。

Ⓒ Eight apes ate eight apples.

このように，最初は絵と合わせながら，ゆっくりと丁寧に説明します。
読めるようになってから徐々にスピードを上げていきます。

**指導の
ポイント**

● 英語早口言葉の前に，口の体操や日本語早口言葉などで口の周りの筋肉を緩
めたり，舌の動きを滑らかにしておきましょう。

● 特に日本語にない音，R, L, TH, V, F などが練習できます。最初はゆっくり
と，丁寧に口の形や舌の動きを練習します。慣れてくれば少しずつ早くして
いきます。上手にできる子供は3回続けて言うなど難易度を上げてください。

● 早口になってくると，friend や red などの d が発音されなくなってきます
が，その場合でも口の形は必ず d の形になるように指導します。早く言う
のが第一目的ではないことを心に留めておきましょう。

（三木 さゆり）

言語 論理数学 音楽 身体運動 空間 対人 内省 博物

34

楽しく語彙を増やせる
片仮名英語・大検証

学習形態 全体　対　象 小学校5年生～
使用技能 聴く・話す・慣れる・覚える

私たちが英語だと信じて使っている片仮名英語の中には「和製英語」を含め，全く通じないものがたくさん混ざっている。それらを英語では何と言うのかを確認し，語彙を増やすと共に文化の違いについても考える機会とする。

 概要　自分たちの身の回りにある片仮名英語について，①英語だけれど発音やイントネーションが日本流すぎて実際には通じにくいもの，②全くの和製英語，の2種類に分ける活動をグループで行います。最後にみんなでこれらを確認しながら語彙を増やします。

準備　①②のグループにそれぞれ入る単語の片仮名が書かれたカードのセットをグループの数分，用意します。これらの単語については，指導者がそれぞれについて，ある程度の正解を前もって練習しておくことが必要です。

①発音やイントネーションが日本流すぎて通じにくいもの

コーヒー（coffee），アレルギー（allergy），アルコール（alcohol），
ビタミン（vitamin），ウィルス（virus），ガレージ（garage），
セーター（sweater），スタジアム（stadium），ビニール（vinyl），
ストロベリー（strawberry），パイナップル（pineapple），
ツイッター（twitter），ヨーグルト（yogurt）　など

②全くの和製英語

パン（bread），パソコン（computer），シュークリーム（cream puff），
キーホルダー（key chain），ゴム（rubber），コンセント（outlet），
アンケート（questionnaire），シャーペン（mechanical pencil），
ボールペン（ball-point pen），シール（sticker），
ピーマン（green pepper），プリント（handout），
フライドポテト（French fries），ミシン（sewing machine）　など

（日本風に省略しているもの）

コンビニ（convenience store），デパート（department store），
スーパー（supermarket），リモコン（remote controller），
エアコン（air conditioner）　など

⭐ **T** 私たちが，英語だと思っている片仮名英語の中には，tennis とか ice cream のように，そのまま言ってもある程度通じるものから，①イントネーションや発音が違いすぎて全く通じないもの，②そもそも和製英語で日本でしか通じないものがたくさん含まれています。ここに外国では通じない片仮名英語の束があります。これらの言葉が①と②のどちらなのかをみんなで話し合って2つにグループ分けしてください。①の場合，本当はどう発音するのか，②の場合，英語ではどう言うのか知っている人がいたらそれも出し合ってください。（グループに分かれて話し合う）

T では，答えを確認します。「1．セーター」これはどうですか？
これは①です！　正しい発音は sweater（スウェター）です！　みんなで言ってみましょう。（黒板の①のコーナーにセーターのカードを貼る）

C1 sweater.　　　　　　**C2** sweater.　　　　　　**C3** sweater.

T みんな上手に言えていますね！　これで通じるようになりましたね。

T 次はピーマンです。ピーマンはどっちだと思いますか？
これは②ですね。英語では green pepper と言います。あの辛い唐辛子は red pepper と言います。同じ仲間なのですね。ピーマンは辛くないので sweat pepper（甘い唐辛子）とも言われるそうですよ。この中でピーマンが苦手な人いますか？　You don't like green peppers. ですね。
このように，1つずつコメントしながら答え合わせをします。

T 日本語は，キムタク（木村拓哉），アメフト（アメリカンフットボール）のように省略することの多い言語です。他にどんな例がありますか？

C （グループで考えて発表）

T そうですね。それと同じように英語も日本語風に省略して使っていますよ。例えば，「リモコン」は remote controller（リモートコントローラー）の省略で「離れて制御するもの」という意味なんですよ。これらは英語をアレンジした日本語なんですね（他の例も確認）。

指導の ⭐ ●この活動は，できれば ALT とのティームティーチングで行うことが望ましいと思います。正しい発音の見本を聞くことができますし，ALT なら具体例がもっと出てくると思います。勘違いエピソードなどの面白い話も聞くことができるかもしれません。

●担任1人で行う場合は，発音については「できる限り」でよいと思います。目からウロコの「通じない片仮名英語」を子供と一緒に楽しんでください。

（三木 さゆり）

言語	論理数学	音楽
身体運動	**35**	空間
対人	内省	博物

相手に理解されやすくなる
英語ジェスチャーいろいろ

| 学習形態 | 全体 | 対象 | 小学校3年生〜 |
| 使用技能 | 話す・慣れる・覚える |

英語は，身振りや手振りを多く使う言語であり，こういったジェスチャーを使いながらの発話に慣れることで，伝えたいことが相手に理解されやすくなる会話を習得することをねらいとする。

概要　授業を2段階設定とします。まず第1段階は，クラス全体で数種類のジェスチャーを導入します。一通り，ジェスチャーが子供に理解できたことを確認してから，第2段階に入ります。第2段階では，英語のフレーズに合わせて，発話の練習をします。

準備　英語のジェスチャーのイラストを準備します。その際に，日本文化の中では，どのようなジェスチャーをするのかなど，比較文化的な情報を与えることで，英語言語学習以外の分野に興味関心を持たせることも可能です。
　「おいで」「あっちいって」のジェスチャーも日本語と英語では逆の意味になるのです。

日常的に使われる，日本語と英語で違う意味となるジェスチャー例

air quotes

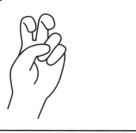

thumbs-up/down

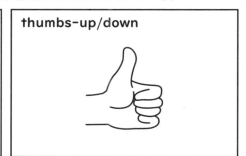

crossed fingers

high five

❶**crossed fingers のイラストカードを提示します。**

🆃英語を話す国では，手振りや身振りを多く使います。今日は，英語を話す時によく使われるジェスチャーを勉強しましょう。（人さし指と中指を交差させながら）みなさん，このジェスチャーの意味がわかりますか？

🅲……。

🆃これはね，こういう場面で使います。Good luck!（人さし指と中指を交差させながら）どういう意味でしょうか？

🅲よいことが起こりますように。

🆃そう。これは，相手に対して「幸運を祈ります」という意味です。
一緒にジェスチャーをつけながら言ってみましょう。（英文を繰り返して，ジェスチャーをする）よくできました。では，次に…（同じように，イラストを示して場面提示をし，ジェスチャーの意味と英文を繰り返させる。一通り練習して，全員がジェスチャーと英文をマスターできたことを確認した後に次のステップに移る。

例となるジェスチャーの意味と英文例

・air quotes：日本語での「人から言われた内容や皮肉」
"She said a good boy to me."

・thumbs-up：日本語での「よい，賛成」
"Good job! Well done."

・thumbs-down：日本語での「よくない，反対」
"I don't agree."

・high five：日本語での「ハイタッチ」
"We are the champion!"

🆃さぁ，みなさん，ペアをつくりましょう。これから先生がイラストを1枚指さしますから，ジェスチャーをつけながら，英文をペアの人に伝えてください。では，左の人から始めて，交代しながらやりましょう。

指導の
ポイント

●この活動は，喜怒哀楽を表面に出しやすい英語圏ならではのジェスチャーを取り入れたものです。実際，コミュニケーションは言葉だけに依存せず，こういった言葉以外のコミュニケーションツールが存在することは，言葉だけでの自己表現に苦手意識を持つ子供にとっては，興味や関心を引く刺激になり得ると考えられます。家庭学習として，いろいろな海外のジェスチャーをネットなどで探してみるのもよいでしょう。

（飯島 睦美）

言語　論理数学　音楽

身体運動　**36**　空間

対人　内省　博物

簡単な英語表現ができるようになる
Show & Tell

| 学習形態 | 全体 | 対象 | 小学校6年生〜 |

使用技能　話す・慣れる・覚える

自分の身の回りの状況や様子を，簡単な英語で伝えることを通して，自分以外の世界を客観的に捉え，表現する視点を養うことをねらいとする。

概要　　授業を2段階設定とします。まず第1段階は，使う基本となる英文をクラス全体で丁寧に導入します。一通り，子供に理解できたことを確認してから，第2段階に入ります。第2段階では，一人一人の子供が発話できていることを確認しましょう。

準備　　教室の中の様子を描写するために必要な基本的な表現を導入するための，英文カードと単語カードを準備します。

英文イラストカード例

This is a book. I like this book.
(There are books.)

This is a desk. It's color is brown.
(There are desks.)

英単語カード例

| desk | chalk | television |

　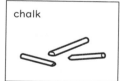　

他の例　　chair, locker, book, window, door, poster,
blackboard, eraser, magnet, curtain, projector,
black, green, yellow, blue, white, red

学習の流れ 基本文の導入と定着から入ります。

T 今日は，教室の中の様子を英語で言ってみましょう。まず，今日使う表現を練習しましょう。先生がこれから教室の中のあることを英語で表現しますよ。よく聴いてくださいね。（1冊の本を持ちながら）This is a book. I like this book.（繰り返す）何と言ったかな？

C これは本です。私はこの本が好きです。

T そうだね。よくできました。（英文イラストカードを黒板に貼りながら）では，繰り返してください。This is a book. I like this book. はい。よくできました。では，これはどんな意味かな？（複数の本を持ちながら）These are books. I like these books.

C これらは本です。私はこれらの本が好きです。

T よくできました。繰り返してください。These are books. I like these books.（英文イラストカードを黒板に貼りながら）

T では，次に先生が言う英文をよく聴いてください。（1つの机を指さしながら）There is a desk. It's color is brown.

C 机があります。茶色です。

T そうですね。1つの机があります。その色は茶色です。（英文イラストカードを提示しながら）繰り返しましょう。There is a desk. It's color is brown. では，これはどんな意味かな？　There are two desks. The color is brown.

C 2つの机があります。茶色です。There are two desks. The color is brown.

T はい。よくできました。繰り返してみましょう。（繰り返す）では，教室内を見回して，英語でどう言うのかを確認しましょう。（教室の中を回りながら，英単語を発音し，子供に繰り返してもらいながら，単語カードを貼りつけていく）

T これから，教室の中をペアで歩きながら，さっき習った2つの表現を使い英文で表現していきましょう。（教室を自由にペアで移動する）

＊複数の表現は，子供のレベルに合わせて行います。

指導のポイント ●この活動は，基本的な英語表現を使って，状況や場面を叙述することを通して英語を発話する，しかも自分以外のことを客観的に表現できるようになることが目的です。よって，あまりストレスのないペアでの活動となります。

（飯島 睦美）

言語	論理数学	音楽
身体運動	**37**	空間
対人	内省	博物

自己紹介できるようになる
My favorites シート

学習形態	全体・個別	対象	小学校5年生〜

使用技能	聴く・話す・書く・慣れる・覚える

短い言葉で英語での自己紹介文を考えることと，発表に際して大事な言葉をみんなに聞こえる声で，はっきりと伝わるように話すことの大切さを体験することをねらいとする。

★ **概要** 　授業は2段階設定です。まず第1段階は，クラス全体で今からつくる自己紹介文のフォーマットについて説明を受け，教科書のワードリストを見て単語を入れ込んでいき，それぞれの自己紹介文をつくります。その際，教科書のワードリストの使い方も確認しましょう。第2段階は，つくった自己紹介文をみんなの前で発表します。人に伝えるためにという発表のポイントも学習します。

★ **準備** ・書き込み用ワークシート
・発表用カード（全体に説明する時に使う大きいもの，個人練習用）
subject（教科），color（色），food（食べ物），sport（スポーツ），
animal（動物），song（歌），vegetable（野菜），season（季節），
comic（漫画），singer（歌手），Disney Character（ディズニーキャラクター），TV program（テレビ番組）の英語カード

学習の流れ ⭐ 🅣今日は，英語で自己紹介をします。まずは原稿をつくりましょう。

タイトルは「My favorites」です。favorite は「大好きな」という意味です。

My favorites とは，「私の好きなもの」という意味です。

一緒に発音しましょう。 favorite.

🅒favorite, favorite, favorite.

🅣はい，よくできました。では，my favorite color とはどういう意味？

🅒私の好きな色です。

🅣その通り。では，みなさんは何色が好きですか？

🅒1水色です。　　　🅣light blue ですね。

🅒2黒です　　　　　🅣black ですね。

＊このように，各単語の意味と，それぞれの答えを日本語で言わせます。

🅣まず，ワークシートに自分の好きなものを英語で書き入れてください。

自分の名前はローマ字表で確認しながら書きましょう。ワードリストは教科書の○ページにありますので，参考にしてください。

＊教科，色，食べ物，スポーツが書いてあるページを紹介し，その中から単語を写させる。参照ページもワークシートに載せておく。ワードリストにない単語を答えたい場合は，片仮名で記入することも可とする。

🅣早くできた人は「Challenge！」のコーナーも考えましょう。

＊この間，教師は机間巡視をしながら各自が選んだ単語を発音できるかどうか個別に確認する。

🅣自分が書き込んだ単語が発音できるかグループでお互いにチェックし合ってください。読めない単語がある人は手を挙げて質問してください。

＊この後発表用カードを見ながら自分の自己紹介を練習する。グループでの発表練習をしてから，全体発表へと進む。①前を見て，②人に届く声で，③情報のところはゆっくりと，という３つのチェックポイントで相互評価させてもよい。

指導の ⭐ ●「Challenge！」に進んでいる人はそちらも足して発表します。または，書
ポイント　いた文の中から発表したい文を４つに絞って発表させることもできます。

●後ろの黒板に，発表用カードの拡大版を貼り出し，それを見て発表してもよいことにします。自分が書いた手元の原稿ではなく，後ろの黒板に貼られている発表用カードを見て発表することで前を向いて発表する姿勢をとり，ブランクがキーワードであることを印象づけることもできます。

（三木 さゆり）

一方的な発信から聴き手との やりとりをする力への指導ステップ

point 1 わかりやすい場面を設定する—ファンクショナルシラバス—

　話す（やりとり）力は，今回の英語教育改革において重要視されている力の１つです。一方的に話し，伝えるという力以上に，聴く立場を意識して話す力が必要となります。その際，多くの指導例では，場面の設定が行われます。どういった場面で，どのようなやりとりが実際によく行われるのか，ある特定の場面で交わされる会話において，どういった情報のやりとりが行われるのか，その会話にどういった機能があるのか，などが活動する子供に意識され，定着されるような場面設定を行います。こういった一連の活動から構成されるシラバスをファンクショナルシラバスと呼びます。

　このように活動の基盤となる場面を設定する際に，留意すべきことは「わかりやすい場面」を設定することです。基本的に，学習目標となる言語材料以外の部分は，できる限り難易度を低くして，学習目標部分にしっかりと注意しながら能力を集中できるようにすることで，複数の事柄を同時に処理することに弱さがある子供は，目標となる学習事項に集中することが可能となります。よって，場面を設定する場合にも，ロールプレイにおける役割分担を子供のレベルに合わせて，理解しやすい身近なものとすることに留意しましょう。

point 2 社会言語学的知識・談話的知識を活用する

　そもそも，第２言語学習の目標は，他文化，社会に触れ，理解を深め，共存していくことにあると考えられます。よって，単語，統語，文法といった言語知識以外に，人と人とのやりとりにおいて，意識されなければならないことは，社会言語学的知識・談話的知識となります。社会言語学的知識・談話的知識とは，場面とその場面に参加している人たちの階級，社会的役割を理解し，言語を適切に使用するために必要なものとなります。英語の指導要領の中に，「実践的コミュニケーション能力」という文言が表れて久しいですが，まさしくこ

のコミュニケーション能力の下位項目とされる「文法能力」「社会言語能力」「談話能力」「ストラテジー能力」の１つとなります。

　話す（やりとり）の指導の際に，例えば，"What are you doing here?" というフレーズが，以下の２つの場面で出てきた場合，このフレーズの持つ含意が異なることを，会話の場面と雰囲気，さらにはそのフレーズの全体のイントネーションから理解できるようになることも意識させる必要があります。

　　場面Ａ：物置で何かを探している子供とそれを見つけた母親

　　Mother：What are you doing here?　「ここで何しているの？」

　　Child：I'm looking for my old toys.　「古いおもちゃを探しているんだ。」

　この場面では，子供が物置で何をしているのかを知りたいという意図がこのフレーズに込められています。では，次の場面ではどうでしょうか？

　　場面Ｂ：親子喧嘩をして家を飛び出した子供を見つけた母親

　　Mother：What are you doing here?　「何しているの？」

　　Child：I don't want to go home.　「うちに帰りたくないんだ。」

　この場面では，子供が何をしているかを知りたいというよりも，家を飛び出した子供に対しての声掛けのような働きをしていると理解できます。

　このように，場面を設定することで，社会言語的能力や談話能力も養われることも期待されます。

point 3　社会性が涵養できる教育活動に留意する

　人とのやりとりを苦手とする子供もいます。単に，人と対面することに苦手意識のある者や，人の感情を読み取ることが難しかったり，その場の雰囲気を感じ取ることが不得手であったりする子供もいます。

　学校という枠組みは，枠組みが配慮されにくい社会に出ていく前に，いろいろな集団活動を体験し，それに向けた準備をするために使われるべき場所です。失敗してもフォローされるセーフティネットが備わっている場所です。この場所を使って，子供たちの社会性を養っていくことには，教科や科目に制限はなく，すべての教科や科目において実行されるべきである，と考えます。子供たちをよく理解している先生方であれば，上記に述べてきた場面設定や役割設定も適切に考えて割り振りでき，子供たちの学習能力に加えて社会性の涵養すらも期待できるように考えます。

〈参考文献〉Canale, M., & Swain, M. (1980). Theoretical Bases of Communicative Approach es to Second Language Teaching and Testing. Applied Linguistics, 1, 1-47.

（飯島　睦美）

日常よく使われる表現に慣れる
英語決まり文句カルタ

| 学習形態 | 全体・個別 | 対象 | 小学校5年生〜 |

| 使用技能 | 聴く・話す・慣れる・覚える |

中学校の教科書で多く取り入れられている会話形式の中には決まり文句がたくさん出てくる。それらを日本語に訳して理解するのではなく，状況の中でそのまま理解し，日常よく使われる表現に慣れ親しむことをねらいとする。

概要 授業を2段階設定とします。まず第1段階では，クラス全体でそのフレーズが使われる場面の絵を見ながら，決まり文句を導入します。その際，感情を込めて発話し，楽しい雰囲気で進めましょう。第2段階は，グループでカルタを使って遊びながらこれらのフレーズに慣れ親しみます。

準備 ①決まり文句が使われる場面の絵を用意します。クラス全体で練習する時のものは，全員が見えるくらいの大きさが必要です。または，それらをパワーポイントなどで準備し，スクリーンに映し出すことも可能です。

②①で使った絵を使ってカルタを用意します。カルタは絵カード，英語，日本語の3枚1組とします。グループ数必要です。

決まり文句の例

How are you?（ご機嫌いかが？）

Here you are.（はい，どうぞ）　　That's too bad.（お気の毒に）

I see.（わかりました）　Really?（本当？）　Thank you.（ありがとう）

You're welcome.（どういたしまして）　Nice to meet you.（初めまして）

Excuse me.（失礼ですが）　I'm sorry.（ごめんなさい）

Be careful.（気をつけて）　Pardon me?（何ておっしゃいましたか？）

Let's see…（えっと…）　Have a nice day.（よい1日を）

Sure.（いいですよ）　　See you tomorrow.（また，明日）

All right.（よろしい）　I have a good time.（楽しい時を過ごす）

No problem.（問題ない）　Good job.（よくできました）　など

学習の流れ ❶**全体への絵カードを提示します。**

T プレゼントをもらっているね。女の子は何て言うかな？

C サンキュー。

T そうです。Thank you. と言います。（できる
だけ正しい発音で）Thank you. ってどういう
意味かな？

C ありがとう。

T その通りです。では，一緒に言ってみましょう。
心を込めて言ってみてね。

C Thank you. Thank you.

＊このように，用意した決まり文句について言い
方と意味を確認し，練習します。

T また明日ね！ってどう言うの？

C See you tomorrow.

T どうぞとものを人に渡す時は？

C Here you are.

＊このように，場面を言ってフレーズを言わせる練習もしてみましょう。

❷**グループに１セットずつカルタを配ります。**

T 絵カードをグループの机の上にバラバラに並べてください。
今から英語を言うので，その英語が話される場面の絵カードを取ってくださ
いね。気をつけて‼

C は〜い！（「Be careful!」の絵カードを取る）

T カードを取った人は，それを英語で言ってみてください。

C Be careful. です！

＊このように遊びながら，これらの表現に慣れ親しんでください。

ありがとう

Thank you!

**指導の
ポイント** ●この活動は，決まり文句に慣れ親しむことが目的なので，できるだけ多く聞
いたり，発音したりすることが大切です。定着を促すために英語カード，日
本語カードで神経衰弱ゲームなど，いろいろな遊び方を考えてみましょう。

●各決まり文句に十分慣れ親しんだ後で，これらの表現を使って４線ノートに
英語の基本ルールにのっとって書く練習ができます。慣れ親しんだ表現を使
って，はじめの１文字は大文字，単語と単語の間は少し離す，文の終わりは
ピリオドまたはクエスチョンマークなどのルールを確認しながら練習に使い
ましょう。

（三木 さゆり）

言語 論理数学 音楽
身体運動 **39** 空間
対人 内省 博物

相手と情報交換できるようになる
着せ替えゲーム／相槌の表現

| 学習形態 | 全体・個別 | 対　象 | 小学校6年生〜 |

| 使用技能 | 聴く・話す・やりとり・慣れる・覚える |

ゲームを通して，相手との情報交換を行う。コミュニケーションの取り方や相手の発言にどのように返答してよいのかわかりづらい子供が相槌の表現を習得しながら自然に話す（やりとりの）能力を高めることをねらいとする。

概要　日本語でも，会話の中で，相手の発言内容に対して確認や同調の表現を返しながら，情報のやりとりを行います。英語でも同様に，そういった際に使用する決まった表現があります。これらの表現を場面と共に提示しながら，ファンクショナルシラバス（言葉の機能に注目したシラバス）の理念に沿って，場面の中でのやりとりの練習を行います。場面がきちんと設定されていることで，抽象的な情報が捉えにくい子供にも取り組みやすくなります。さらに，着せ替えを使い，インフォメーション・ギャップのゲームの中で練習します。

準備　以下の相槌の表現が使われやすい場面のイラストを準備します。登場人物は，なるべく2人または3人程度で，授業内ペアワークがやりやすいようにします。

次に，以下のような着せ替えゲームを準備します。人型，Tシャツ，ズボン，スカート，帽子，ソックス，靴，カバンなどのものをそれぞれで色を変えて数枚ずつカードを用意しておきます。

学習の流れ ①まずは，それぞれの場面イラストカードを準備して，場面説明と英語表現の導入を行います。

T 今日は，英語の会話の中でよく使われる相槌の表現を勉強します。最初は，場面ごとに使われやすい表現の勉強をしましょう。では，このイラスト（I see. が使われているイラストカードを提示）を見てください。これは，どんな場面でしょうか？

C 1人が質問して，もう1人が答えている様子です。

T そうですね。この場面で使われている英語表現を練習しましょう。（イラストカードの中の話し手を指さしながら）A：Is your T-shirt blue?　B：Yes, it is.　A：I see.　どんな意味でしょうか？

C あなたのTシャツは青ですか？　はい，そうです。…？？

T はい。最初の2つの英文はその通りですね。最後のI see. の意味がわかる人はいますか？

C わかりました。

T はい。その通りです。よくできました。"I see." は相手に対して，わかりました，納得しました，と伝える表現です。では，繰り返しましょう。（繰り返して定着したら，同様に他の場面イラストカードも導入する）

②次に，着せ替えゲームに入ります。着せ替えゲームセットを1人1セット配ります。着せ替え道具は，コピー用紙をそのまま渡して子供に各自切り出してもらっても構いません。

T では，みなさん，これから着せ替えゲームをします。ペアをつくります。人形はみなさん自身です。左側の人から着せ替えを始めます。相手に見えないように，好きな色の服を着せてください。できたら，右側の人から服などの色を質問してください。左側の人の答えを聴いて，着せ替えを完成させていってください。では，始めましょう。

指導のポイント ●場面設定の中で使うやりとりは，次の着せ替えゲームの中でそのまま使える表現となっています。よって，場面イラストカードは黒板に掲示したままにし，活動中にも確認できるようにしておきましょう。色を尋ねる，色を答える，着せ替えを完成させることだけに集中してしまわないように，活動途中で場面イラストカードに戻って復唱したり，上手にできているペアの会話をクラスで披露したりします。

（飯島 睦美）

聞き返しができるようになる
犯人捜しゲーム

| 学習形態 | 全体・個別 | 対象 | 小学校6年生〜 |

| 使用技能 | 聴く・話す・やりとり・慣れる・覚える |

視覚情報の補助がない聴覚情報だけの場合，聴きもらしたり，聴き取れても情報保持が追いつかずに理解できなかったりする子供がいる。子供に聴き返す表現を習得してもらい，コミュニケーションの促進をねらいとする。

概要　情報の提供を求める場面設定をし，そこで相手からの情報が聴き取れない場合にどのようにもう一度情報を聞き出せばよいのか，その表現を練習します。ペアでの活動となります。

準備　以下の英語フレーズイラストカードをつくります。

| I beg your pardon? | Pardon me? |
| Do you understand? Yes, I do. / OK. | Go ahead. / Please keep going. |

さらに，以下のようなシートをペアに1組2枚準備します。

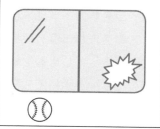

Q:Who broke the window?

子供A用カード（イラスト）

1. Tom has a ball in his hand. He likes baseball. He lost his bat.
2. John has a hat in his hand. He likes hiking. He lost his watch.
3. Bob has a bat in his hand. He likes baseball. He lost his ball.

子供B用カード（スクリプト）

❶まずは，英語の聴き返しの表現の練習をします。

🇹みなさん，今日は，聴き返す時の表現を勉強します。日本語で，聴き返したい時には，どう言いますか？

🇨もう一度言ってください。

🇹そうですね。英語では，どう言うのか知っていますか？

🇨Please repeat.

🇹そうですね。そういう表現もありますね。（英語フレーズイラストカードを提示しながら）英語では，こういう表現がよく使われます。まずは，丁寧な表現から練習しましょう。先生の後について繰り返してください。もう一度言ってくださいませんか？　I beg your pardon?

🇨I beg your pardon?（定着するまで繰り返す）

🇹次に，友達同士で使える表現です。繰り返してください。もう一回言ってくれる？　Pardon?

🇨Pardon?（定着するまで繰り返す）

🇹次に，相手がわかったかどうか確認する表現です。Do you understand?

🇨Do you understand?（定着するまで繰り返す）

🇹わかったら，Yes, I do. または OK.

🇨Yes, I do. OK.

🇹次に進んでください。Please go ahead. または，Keep going.

🇨Please go ahead. Keep going.（定着するまで繰り返す）

❷ペアワークに入ります。1組2枚のシートを配付します。ペアで1枚ずつ持ちます。

🇹イラストカードを持った人は，相手の話す英文をよく聴いて，だれが窓を割ったのか犯人を捜してください。英文を話す人は，1の英文を読み終えたら Do you understand? と，相手がわかっているかどうかを確認してください。わかったら Yes, I do. Please go ahead. わからなかったら，聴き返しましょう。何と言いますか？

🇨Pardon?

🇹はい。その通りです。では，始めましょう。

●この活動では，実際に情報をよく聴いて，問題を解くことが要求されます。よって，リスニング活動も集中して聴き取る姿勢が期待されます。どうしても聴き取りにくい子供にはすぐにサポートに入ります。

（飯島 睦美）

確認する力をつける
インフォメーション・ギャップ

| 学習形態 | 全体・個別 | 対象 | 小学校6年生〜 |

| 使用技能 | 聴く・話す・やりとり・慣れる・覚える |

ADHD などのある子供の中には，授業中の先生の指導やクラスメイトとのやりとりの中で，早とちりで誤解をしてしまう子供もいる。これを回避するために，確認するという行為とその表現を習得することをねらいとする。

概要　話す相手とのやりとりの中で，自分の判断や理解が相手の意図を正確に捉えているかどうかを確認する表現をインフォメーション・ギャップゲームの中で学習します。インフォメーション・ギャップ（異なる情報）を持ち，その違いをやりとりしながら埋めていく活動です。

準備　次のフレーズイラストカードをつくります。

次のインフォメーション・ギャップカードをつくります。1組2枚です。

Ａカード：部屋の中のイラスト

Ｂカード：Ａの部屋の描写を聞いてイラストを描きましょう。

学習の流れ ❶**まずは，確認の際に使われる英語表現の練習をします。**

T 人と話をしている時，自分が相手の話す内容をきちんと理解できているかどうかを確認することがありますね。そんな時は，日本語でどう聞きますか？

C 合ってる？

T そうですね。それを英語で言うと，こうなります。（フレーズイラストカードを提示しながら）Right?　少し丁寧に言いたい時は，Is that right? Is that correct? となります。では，先生の後について繰り返しましょう。Right? Is that right? Is that correct?

C Right? Is that right? Is that correct?（しっかりと定着するまで繰り返し練習する）

❷**インフォメーション・ギャップゲームに入ります。**

T よくできました。では次に，この表現を使いながら，ゲームをやっていきましょう。まず，ペアをつくりましょう。子供部屋の様子が描かれた絵を取った人は，これからその部屋の様子を相手に英語で教えてあげましょう。白い紙を取った人は，その話を聞きながら，子供部屋の様子を描いてください。大切なのは，一つ一つ確認しながら進めることです。

　一度例をやってみましょう。例えば，絵を持っている人が，There is a table in the middle. と言いました。それを聞いたら，白い紙を持っている人は，英文の通りテーブルを部屋の中央に描きます。絵を描いたら，聞いた英文を繰り返します。There is a table in the middle. そして確認しましょう。Right? ですね。または，Is that right? Is that correct? でも構いません。絵を持っている人は，繰り返された英文の内容が自分の伝えた内容と同じで正しければ，Yes. と言ってあげてください。このやりとりを繰り返します。わかりましたか？

＊やりとりが終わったペアから，完成されたイラストを確認させる。イラストカードは，２種類準備をしておく。１回目のやりとりが終わったら，２枚目のイラストを配付し，役割を交代して，同じ活動を行う。

指導の ●活動のやり方がきちんと理解できているかどうかを確認することが大切です。
ポイント 活動が２段階，３段階となると，その方法を理解することそのものが負担となることがあります。十分に注意しましょう。

（飯島　睦美）

言語 論理数学 音楽

身体運動 **42** 空間

対人 内省 博物

お願いやお礼ができるようになる
道案内をしよう！

学習形態	全体・個別	対　象	小学校6年生〜
使用技能	聴く・話す・やりとり・慣れる・覚える		

いかなる言語も，社会生活上のコミュニケーションツールであることは共通している。社会の中で，お願い―お礼のやりとりは，人間関係を円滑に進める上で重要な要素であることを認識しながら活動することをねらいとする。

概要　　道案内をする活動の中で，お願いする表現とお礼の表現を学習します。依頼することと，謝辞を述べるという社会的，対人的な行為そのものの重要性も認識しながら，英語表現も習得します。

準備　　次のフレーズイラストカードと地図を作成します。

Thank you.
No problem.

Thank you so/very much.
My pleasure.

Thank you.
You are welcome.

Can you tell me the way to the station?
○○○駅

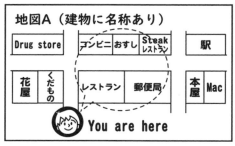

地図A（建物に名称あり）

| Drug store | コンビニ | おすし | Steakレストラン | 駅 |
| 花屋 | くだもの | レストラン | 郵便局 | 本屋 | Mac |

You are here

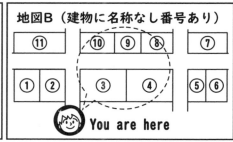

地図B（建物に名称なし番号あり）

| ⑪ | ⑩ | ⑨ | ⑧ | ⑦ |
| ① | ② | ③ | ④ | ⑤ | ⑥ |

You are here

❶まずは，英語のフレーズを練習します。

T みなさん，今日は道を尋ねる表現とお礼の表現，それに対する返答の練習をします。まずは，駅までの行き方を教えてください，と英語で言ってみましょう。わかる人いますか？

C Please…

T そうですね。お願いする表現は，please をつけるといいですね。いろいろな言い方がありますが，このような言い方を今日は勉強しましょう。Can you tell me the way to the station? 先生の後について繰り返しましょう。Can you tell me the way to the station?

C Can you tell me the way to the station?（定着するまで繰り返す）

T よくできました。では，お礼の言い方です。どう言いますか？

C Thank you.

T そうですね。Thank you. Thank you very much. Thank you so much. ですね。では，そう言われたら，何と返答しますか？

C You are welcome.

T はい。その通りです。または，私の喜びですよという意味で，My pleasure. 問題ないよという意味で No problem. も使います。では，繰り返してください。Thank you very much. You are welcome. Thank you. My pleasure. Thank you. No problem.（定着するまで繰り返す）

❷地図を見ながら，行きたい場所を知る活動をします。

T ペアをつくりましょう。1人が建物の名前が入った地図A，もう1人が建物に名前が入っていない地図Bを持ちます。地図Bを持っている人は，行きたい場所を決めてください。そして，そこへの行き方を聴いてください。
地図Aを持っている人は，そこまでの行き方を英語で教えてあげてください。
地図Bを持っている人は，わかったら，その建物の番号を答えてください。
そして，お礼を言いましょう。お礼を言われたら，地図Aを持っている人は，返答しましょう。終わったら，地図を交換してやってみましょう。

指導の ポイント ●道順を説明する表現が出てこない場合が予想される時には，活動に入る前の表現練習の際に，一緒に練習をしておきましょう（表現例：Go straight. まっすぐ進む，Turn right/left on the corner. 角を右／左に曲がる，You can see it on your right/left. 右側／左側に見えます）。ねらいがお願い―お礼の表現ですので，簡単な地図を使用します。

(飯島 睦美)

話の流れを上手に換えられるようになる
話題転換の表現

| 学習形態 | 全体・個別 | 対　象 | 小学校6年生〜 |

| 使用技能 | 聴く・話す・やりとり・慣れる・覚える |

話の流れを上手に換えることが難しい子供がいる。コミュニケーションは，話題に行き詰まったタイミングで使う表現を知っておくと，よりスムーズにつながっていくことを認識し，その表現を習得することをねらいとする。

概要　まずは，話題を換える際に使われる表現を練習します。定着したことを確認してから，異なる話題カードを準備しておき，引いたカードに記された話題へと転換する練習をします。転換する際に，習得している話題を換えるための表現を使います。

準備　次のフレーズイラストカードをつくります。下のようにイラストも一緒に入れておくと，想起を助け，定着を促進します。

by the way

You know what?

Is that so?

That's new to me.

話題カード例　天候：It will snow tomorrow.

授業：We will take a test tomorrow.

行事：We have to run 5 kilometers.

学習の流れ ❶ **この活動で使う英語表現を練習し，定着させましょう。**

T みなさん，話をしていて別の話題を話し始める時，どう言いますか？

C ところで。

T そうですね。英語ではどう言いますか？

C By the way.

T よく覚えていましたね。そうです。By the way ですね。また，こんなこと知っている？と言って話題を転換する表現もあります。英語では，You know what? という表現です。さらに，話題が換わって，その話題への反応として，へぇ Is that so?，知らなかったぁ That's new to me. といった表現もあります。一緒に練習しましょう。後について繰り返してください。By the way, You know what? Is that so? That's new to me.

C By the way, You know what? Is that so? That's new to me.
（定着するまで繰り返す）

❷ **次に，活動に入ります。話題カードをペアに１組ずつ配ります。**

T では，みなさん，ペアをつくってください。まず，What do you want to do tomorrow? と A さんが聞いて，ペアの B さんは答えてください。例えば，B さんが I want to play tennis. と答えたとしましょう。それを聞いてから，A さんは，目の前の話題カードを１枚めくってください。話題転換の表現 By the way または You know what? を言った後に，そのカードに書かれている話題を発言してください。その発言を聞いた人は，Is that so? または，That's new to me. と答えてください。わかりましたか？　では，やってみましょう。

C1 What do you want to do tomorrow?

C2 I want to play tennis.

C1 By the way, it will snow tomorrow.

C2 Is that so?
（ペアの中で，役割を交代して練習する）

指導の ポイント ● 活動に入る前に，全体でやりとりを１回練習しておくと，活動の流れを理解でき，スムーズに活動に入ることができます。また，話題カードの英文も練習してから活動に入ると，英語の苦手な子供もしっかりと準備をして活動に入ることができます。

（飯島 睦美）

言語	論理数学	音楽
身体運動	**44**	空間
対人	内省	博物

コミュニケーションを円滑に進められる
追加の表現

学習形態	全体・個別	対　象	小学校６年生〜
使用技能	聴く・話す・やりとり・慣れる・覚える

情報や話題を広げていくために使用する追加の表現を学習し，コミュニケーションの難しさや，情報を列挙することへの苦手意識を克服することをねらいとする。

概要　　情報を加える表現は，コミュニケーションを円滑に進めていく上で，重要な役割を果たします。この活動では，お互いに自己紹介をし合いながら，情報を加える表現を習得します。

準備　　まず，以下のようなフレーズイラストカードをつくります。

I like an animal and I keep a dog.

I also like a dog and a cat.

I like a dog and a cat, too.

I keep a dog, in addition to a cat.

学習の流れ ❶**まずは，フレーズの練習をします。**

T みなさん，今日は情報を付け加える練習をしましょう。では，（フレーズカードを提示しながら）次のような状況は英語でどう表現しますか？　犬が好きです。そして犬を飼っています。

C I like an animal, and I keep a dog.

T そうですね。よくできました。I like an animal, and （and を強調して）I keep a dog.　and を使って情報を付け加えますね。繰り返しましょう。

C I like an animal, and I keep a dog. （定着するまで繰り返す）

T では，次に（フレーズイラストカードを示しながら）次のような状況を英語でどう言うでしょうか？　私も犬と猫が好きです。

C I like a dog and a cat, too.

T そうですね。よくできました。I like a dog and a cat, too. と最後に too をつけて，「～も」という意味になりますね。では，繰り返しましょう。

C I like a dog and a cat, too.

T 同じ意味で，次のような表現もあります。（フレーズイラストカードを提示しながら）I also like a dog and a cat. 繰り返しますよ。よく聞いてください。I also like a dog and a cat. 何と言いましたか？

C I also like a dog and a cat.

T その通りです。よくできました。では，繰り返しましょう。

（定着するまで繰り返す）

❷**自己紹介活動に入ります。ペアをつくって，お互いに自己紹介をし合い，相手の自己紹介の内容に，学習した表現を使って情報を加えていきます。**

T では，ペアで自己紹介をし合ってみましょう。大切なルールがあります。相手の自己紹介の内容をよく聴いて，自分も同じである内容を，習った表現を使って補足します。自己紹介では，次の内容は必ず入れましょう。

名前，年齢，好きな食べ物，好きな動物。先生たちがお手本をしてみますね。よく聞いてください。

Hi, I'm Mutsumi.　I'm 12.　　　　　Hi, I'm James.
I like an apple, and I like a dog.　　I like a dog, too.

では，始めましょう。

指導のポイント ●フレーズカードは黒板に貼ったまま，自信のない子供がいつでも確認できる状態とします。英語が得意な子供は，ほかの情報を出しますので，苦手な子供が困惑しないようにペアの組み方には注意します。

（飯島 睦美）

書く力へと確実につなげる
文法指導ステップ

point 1　書く活動に必要な力を知る

　中央教育審議会初等中等教育分科会教育課程部会外国語専門部会は，その第四期第三回審議会（2007年９月14日開催）において外国語科の現状と課題，改善の方向性を審議する中で，「中学校・高等学校を通じて，基本的な語彙や文構造が十分身に付いていない，内容的にまとまりのある一貫した文章を書く力が十分身に付いていない状況なども見られる」と指摘し，「書く」指導への提言を行いました。「書く」作業は，頭の中に散乱する目に見えない考えを目に見える形とし，さらに読者に理解されやすい順序で発信するという認知的に負荷の大きなものであり，「曖昧性への耐性の弱さ」や「ワーキングメモリの弱さ」の特性がある子供にとって，ここにつまずきやすさが存在します。「“どの程度”考えを表出するのかの決定」と「散らばる情報を結び付け表出する」ことです。学習場面での「書く」作業で必要となる能力を図１に示します。「書く」ためには，「書字力：文字（アルファベット）が正確に書ける」「語彙知識：理解だけでなく使用できる語彙を持つ」「統語・文法力：文を組み立てる構造上の知識を持つ」「知識：内容に関連する知識を持つ」「構成力：情報を効果的に配置できる」ことが求められます。一方，「書く」ことに困難を持つ子供は，図１に示す能力のいくつかに課題を抱えていることが観察されます。

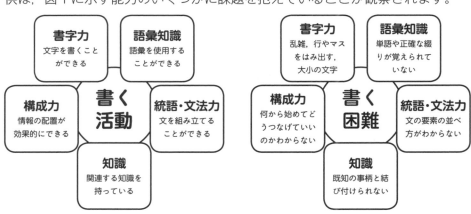

図１　「書く」学習において必要となる能力　　　図２　「書く」ことに困難がある子供

point 2 書くことに表れる難しさに配慮する

　　ライティング指導研究は，言語的，認知的，社会言語学的観点から研究されていることからわかるように，様々な要素を含む分野ですが，図1に示すように，ここでは「学習」という場面での「書く」活動で必要となる能力を考えてみます。「書く」ためには，まず「文字が書ける」「理解だけでなく使用できる語彙を持つ」「文を組み立てる構造上の知識を持つ」「内容に関連する知識を持つ」「情報を効果的に配置できる」ことが求められます。一方，「書く」ことに困難のある子供は，図2に示す通り，それぞれ必要とされる能力の部分で問題を抱えていることが観察されます。

point 3 書くことに表れる難しさごとの指導例をおさえる

　　下表には，それぞれの能力に観察される困難とその指導例を紹介します。
　　書字力：文字そのものを書くことが苦手な子供には「見る力」に弱さがあり，文字が上手に書けない・覚えられないなどの困難につながっている可能性があります。語彙知識：音韻意識の弱さが原因となっているケースがよく観察されます。統語・文法力：綴るという認知的負荷が軽減できる手立てを行うことで，統語・文法理解に集中できるメリットがあります。知識：記憶に眠っている既存の知識に刺激を与える教師の適切な言葉かけ，ブレインストーミングが重要です。構成力：「書く」プロセス（実際に書き始める前にアイデアの構想を練る作業，そのアイデアからポイントを書き出し，構成を考え，下書きを作成し，推敲をしたうえで，最終的に完成）をしっかりと意識させることが重要です。さらに，論理の進め方の具体例（理由づけ，例示，原因・結果など）を挙げて，そこで使われる接続詞を具体的に指導していくことは，事柄と事柄の関連性がつかみにくい子供には非常に有効です。

書くための能力	観察される困難	指導例
書字力	乱雑，文字サイズ不揃い	書字練習，PCの活用
語彙知識	単語や正確な綴りが覚えられない	文字と音の融合，絵画情報提示
統語・文法力	文の要素が正確に並べられない	単語カード並べ替え
知識	関連する既知知識を活用できない	ブレインストーミング，指導者の言葉かけ
構成力	どうつなげるのかわからない	プロセスライティング，接続詞の指導

（飯島　睦美）

ローマ字のルールが復習できる

ローマ字は日本語だ！

学習形態	全体・個別	対　象	小学校5年生～
使用技能	読む・書く・慣れる・覚える		

ローマ字は日本語のアルファベット表示であり，英文に日本語が出てくる時に使われることを確認する。日本特有のものがローマ字で表記されているものに触れることで日本文化について興味を持つこともねらいとなっている。

概要　まず，ローマ字のルールを復習します。現在は，日本語の音をより正確に表現できるとして通常ヘボン式が使われていることを踏まえて，英語学習の時はヘボン式で確認しましょう。次に日本特有のものについてローマ字表を見ながら発音したり，表記したりします。また，それらの特徴を3つの短文（日本語）で表す活動を通じて，日本文化について考える機会ともなります。お互いにつくった3文でそれが何かを当てるクイズ活動にも発展させることもできます。

準備　アイウエオのローマ字対応表（ヘボン式で用意）。

簡単なローマ字復習プリント（下記の項目程度はおさえておく）。

①ヘボン式の綴り（shi, chiなど）　　②詰まる音（きっぷ，ヨットなど）

③伸ばす音（とうふ，ラーメンなど）　④「ん」nの時，mの時

⑤固有名詞は大文字で始める

日本特有のものをローマ字で表記したカード（例：kimono）。

日本特有のものを日本語で表記したカード（例：着物）。

できるだけたくさんの言葉を準備しましょう。または，子供たちに日本特有のものを考えてくる宿題を出しておいて，発表し合ってその時に出し合った単語でみんなでカードをつくっても楽しいでしょう。

活動に使える単語の例

着物，カラオケ，折り紙，柔道，剣道，空手，相撲，てんぷら，焼き肉，やきそば，たこやき，はっぴ，浴衣，まつり，お盆，ひな祭り，忍者，初詣，雑煮，書初め，風呂敷，銭湯，温泉，こたつ，将棋，とうふ，納豆，梅干し

など

学習の流れ ★ 「furoshiki」と書かれたカードを提示します。

T これは何と読みますか？　ヘボン式の fu，shi が使われていますね。

C 風呂敷です。

T はい，よく読めました！（1文字ずつさしながら）「ふ・ろ・し・き」と読みます。日本特有のものを外国の人に伝える時，このようにアルファベット文字を使ってローマ字で表します。では，みんな風呂敷って見たことがありますか？　どんなものか説明できる人？　どんな時に使うものかな？

C1 はい，ものを包みます。

C2 四角い布でできています。

C3 おばあちゃんが使っています。おばあちゃんのは紫色でした。

C4 私のお母さんのは，ピンクで花柄でした。

T （いくつか見本を見せながら）みんなの言う通りですね。こんな風にいろいろなものがあります。風呂敷の便利なところはどこですか？

C5 使った後折りたためば小さくなる。

C6 いろんな形のものを包めます。

　　（出てきた特徴を黒板に箇条書きにする）

T 風呂敷の特徴を短く言うとこんな感じですね。では，次はこれです。（kotatsu のカードを見せて）これは何と読みますか？特徴は？

> furoshiki
> ・四角い布でできている
> ・いろんな柄のものがある
> ・折りたためば小さくなる
> ・いろんな形のものを包める

C こたつです。

T そうです。「こ・た・つ」です。特徴を短い文章3つで表してください。

＊ このように全体でいくつか特徴を短い言葉で表す練習をしてから，グループで，自分たちの好きな日本文化をローマ字で表し，特徴を考えます。お互いにクイズ形式にして，ヒントの文を言い合い，答えをフリップにローマ字で書くというゲームにもつなげていくことができます。

指導の
ポイント ★
● ここでは，ローマ字が日本語であることをしっかりおさえてください。

● ローマ字の読み書きについては，あいうえお表を見ながらで大丈夫です。パソコン入力については訓令式でも大丈夫ですが，公的な書類などはヘボン式が使われていることが多いのでヘボン式を覚えましょう。

● 一連の活動の中で，自分の名前を表記する練習ができればやっておくとよいでしょう。友達の名前を提示し，お互いの名前を読み合うことも練習になります。

(三木 さゆり)

英単語の共起関係を感覚でつかめる
絵カード学習

| 学習形態 | 全体 | 対　象 | 小学校3年生〜 |

| 使用技能 | 書く・慣れる・覚える |

文字が導入される前に，すでに耳にしたことがある英語の動詞と目的語との共起関係の概念を感覚的に習得し，文字や単語，文の導入と共に単語が想起されることをねらいとする。

概要　授業を2段階設定とします。まず第1段階は，クラス全体で丁寧に導入します。一通り，活動の主旨が子供に理解できたことを確認してから，第2段階に入ります。第2段階では，テンポよくスムーズに発話できることを目指して，一人一人の子供が発話できていることを確認しましょう。

準備　子供のほとんどがすでに知っている英単語の絵カードをつくります。子供たちとやりとりをしながら作成することで，より目の前の子供たちが活動に参加しやすい授業となります。ですが，この作成過程が時間的に取れない場合には，以下のような小学校の英語の教科書に出てくる単語を用いて，絵カードをつくります。1対1の対応ではなく，複数の対応も可能となりますので，第1段階で複数の可能性も示します（例：like curry rice, like an apple 等）。

動詞の絵カード　　　　　　目的語となる名詞のカード

動詞の例　brush, buy, check, clean, cook, drink, eat, get, like, make, meet, play, read, see, sing, speak, stop, study, teach, want, wash, watch

目的語となる名詞の例　my teeth, a CD, the time, my room, curry rice, orange juice, lunch, a watch, an apple, my friend, soccer, a story, a picture, a song, English, music, Japanese, Mathematics, a doll, a car, TV

学習の流れ ❶**動詞の絵カードを提示します。**

T 英語で何と言うかな？

C play!

T そうだね。よくできました。play。一緒に言ってみましょう。

C play, play, play.（全員が発音できるまで一斉に繰り返す）

＊このように，すべての動詞絵カードについて，練習します。

❷**名詞の絵カードを提示します。**

T 英語で何と言うかな？

C room!

T そうだね。よくできました。room。一緒に言ってみましょう。

C room, room, room.（全員が発音できるまで一斉に繰り返す）

T 私の room はどう言うかな？

C my room!

T はい。よくできました。my room。繰り返してみましょう。

　このように，すべての名詞絵カードについて，練習します。

❸**動詞と名詞の定着が確認されたら，次に動詞と名詞の共起を確認します。**

T このカードは？

C clean!

T そうだね。よくできました。clean。一緒に言ってみましょう。

C clean, clean, clean.

T clean につながりやすい単語はどれかな？（絵カードを見て選ばせる）

C my room!（答えが出たら，clean のカードとmy room のカードをつなげる）

T はい。よくできました。clean my room 繰り返してみましょう。

C clean my room, clean my room.

指導のポイント ●この活動は，文字を入れる前に，英単語の音と定義を定着させることが目的ですが，語と語の共起関係を無意識に理解してもらうことで，より英単語が音や知識として入っていくことがポイントです。

（飯島 睦美）

単語と単語を離して書けるようになる
パズル英文

学習形態	全体・個別	対　象	小学校6年生〜
使用技能	書く		

子供の中には，単語と単語の間隔が狭く，1つの単語としての区切りが認識できないような英文を書く子供がいる。そういった子供に単語と単語の間をあける感覚を身につけてもらうことをねらいとする。

概要　　2段階に分けて，活動します。まず第1段階は，パズルを使って，枠に単語ピースを入れることで英文を仕上げます。第2段階では，完成したパズル英文を見ながら，4線に写します。その際，パズルのピースとピースの間隔を十分にあけるように注意を促しながら指導します。

準備　　次のプリントを人数分コピーします。

パズルの枠

上の英文を単語と単語の間隔に注意して書き写しましょう。

単語ピース（上のパズル枠に入る大きさで準備）

I

like

a

dog

.

学習の流れ ★ T みなさん。今日は，英文を書く際に注意してほしいことを勉強します。英文を書くと，単語と単語の間が十分にあけられておらず，どこまでがどの単語なのか，わからないことがあります。せっかく書いてもらうので，ちゃんと読んでくれる相手に伝わるように書くことを心掛けましょう。そのための練習を始めます。では，パズル枠を見てください。先生がこれから言う英文の通りに単語ピースを枠に並べて入れてください。では，始めましょう。I like a dog. 最後のピリオドも忘れないでくださいね。もう一度言います。I like a dog.

C （単語カードをパズルの枠にはめ込む）

＊机間巡視を行って，子供の並べ替えの様子を観察します。きちんと枠に単語が入れられているかどうかを確認してください。

T できましたか？　では，一緒に声に出して読んでみましょう。I like a dog.

C I like a dog.

T どんな意味ですか？

C 私は犬が好きです。

T そうですね。よくできました。みなさん，単語と単語の間はきちんと間隔があいていますか？　確認してください。単語と単語の間は，このパズル枠くらいあけてください。

C （確認する）

T では次に，パズル枠の下にある4線に英文を書き写してください。注意してほしいのは，単語と単語の間隔です。上のパズルと同じ間隔になるように，注意しながら書き写しましょう。

指導の ★ ●書き写す作業の速度は，子供によって様々です。視点移動に難しさのある子
ポイント 供にとっては，モデルと書き写す場所が離れていればいるほど，大変な作業となります。よって，このプリントのように，すぐ下に，すぐ横に，という具合に，視界に入りやすい設定としましょう。また，筆圧が弱い子供も少なくありません。鉛筆は濃いめのものを使わせましょう。筆圧が弱い子供の中には，自信がないだけでなく，実際に指の力が入らない子供もいます。そんな子供には，筆圧を整える準備体操も有効です。例えば，梱包材のビニールのプチプチをつぶさせたり，紙の上に丸や線を引く練習をしたりします。

（飯島 睦美）

理由や根拠を整理して
表現できるようになる

３つの理由

学習形態	全体・個別	対　象	小学校６年生〜

使用技能	読む・書く

英文を書く際，意見とその理由や根拠の並べ方がバラバラになってしまいがちな子供がいる。きちんと順を追って，整理された表現を学び，それに慣れることをねらいとする。

概要　まずは，模範となる簡単な英文を読み，理由の挙げ方に気づきます。それから，What do you want to do now? Please tell me three.（今，何がしたいですか？　３つ教えてください。）という質問に対して，３つ答えを挙げて順番に並べ，模範英文からの表現を利用して，まとまった英文に仕上げていきます。

準備　以下のプリントを子供の人数分準備します。

１．次の英文を先生が読み上げます。英文を見ながらよく聞いてください。

　　I like a dog. There are three reasons. First, it is kind. Second, it is cute. Third, it is happy.

２．上の英文の中で，理由が３つ書かれています。それは何ですか？

　　① (　　　　　　　　　　　　　　)

　　② (　　　　　　　　　　　　　　)

　　③ (　　　　　　　　　　　　　　)

３．書かれている３つの理由のヒントとなる単語はどれですか？

　　① (　　　　　　　　　　　　　　) 「１番目に」

　　② (　　　　　　　　　　　　　　) 「２番目に」

　　③ (　　　　　　　　　　　　　　) 「３番目に」

４．What do you want to do now? Please tell me three.

★ プリントに従って，進めていきます。

T みなさん，今日はいくつかの事柄を並べて書く表現を勉強します。プリントを見てください。まず，1に書かれている英文を先生が読みますので，みなさんは英文をよく見ながら聴いてください。I like a dog. There are three reasons. First, it is kind. Second, it is cute. Third, it is happy.（ゆっくりと読み上げる）この文章は何を伝えていますか？

C 「犬が好き」「3つ理由がある」「優しい」「かわいい」「幸せ」

T そうですね。よくできました。その通りです。理由はいくつありましたか？

C 3つです。

T そうですね。では，その3つの理由が挙げられていましたが，その理由が発見されやすいようになっていますね。その方法は何ですか？

C first とかがついている。

T その通りです。よくできました。first，second，third という単語が使われています。どんな意味ですか？

C 野球の…

T そうですね。同じですね。first 1番目，second 2番目，third 3番目という表現ですね。繰り返して覚えましょう。first 1番目，second 2番目，third 3番目。プリントに書き込みましょう。

C first 1番目，second 2番目，third 3番目。

T fir-st，se-cond，th-ird（区切りながら文字を音にして，文字と音のつながりを意識してもらう）

＊定着するまで繰り返します。

T では，プリントの4番を見てください。What do you want to do now? Please tell me three. の質問に答えて書いてみましょう。今日習った表現を使って，3つのやりたいことを書いてみましょう。

＊回収して確認します。

指導の ポイント ★ ●列挙する表現を学びました。first，second，third の単語を導入する際，単語を見せて発音を与えるような導入（例：first ＝ "fəːrst"）ではなく，文字と音を一致させながら提示するようにしましょう。また，回収して確認する際には，細かな間違いは訂正しませんが，本日のねらいである，first，second，third の並び方は，きちんと確認をして，間違っていた場合は修正して返却します。

（飯島 睦美）

言語　論理数学　音楽

身体運動　**49**　空間

対人　内省　博物

文章の組み立てができるようになる
モデル文

学習形態 全体・個別　**対象** 小学校６年生〜
使用技能 読む・書く

モデル文を見ながら，自己紹介文を完成させられるようになることをねらいとする。

 概要　文章の組み立てが難しい子供にとっても，取り組みやすいようにモデル文を参考としながら，簡単な自己紹介文を仕上げていきます。口頭での自己紹介は，６年生になるまでにも実施されてきた活動でしょう。その内容も思い出しながら文字を使って表現する，集大成的な活動となります。

 準備　以下のプリントを子供の人数分準備します。

自己紹介文を書いてみよう！

1．下の英文は，学校のある先生の自己紹介文です。だれだかわかるかな？

I am from Australia. I like Japan very much. There are two reasons. First, I like Japanese food. Second, I like Kimono.

（　　　　　　　　　　　　　　　　　　　　　　　　　　　　）

2．以下の（　　）の中を埋めて，自分の自己紹介文をつくってみましょう。

① How old are you? （　　　　　　　　　　　　　　　　）

② What do you do on weekends?

（　　　　　　　　　　　　　　　　　　　　　　　　　　　）

③ Why? Give two reasons.

・（　　　　　　　　　　　　　　　　　　　　　　　　　　）

・（　　　　　　　　　　　　　　　　　　　　　　　　　　）

3．では，1のモデルを参考にしながら，下に自己紹介文を書きましょう。

I am （　　　　　　　　　）.　I am （　　　　　　　　　） years old.

I （　　　　　　　　　） on weekends.　There are two reasons.

First, I like （　　　　　　　　　）. Second, I like （　　　　　　　　　）.

学習の流れ ★ プリントに従って，進めていきます。

T みなさん，今日は自己紹介の英作文をつくってもらいます。なかなか上級者コースの活動ですが，頑張りましょう。では，プリントの１番を見てください。これは，うちの学校のある先生の自己紹介文です。どの先生かわかりますか？　先生が読み上げますので，みなさんも英文を見ながら聞いてください。I am from Australia. I like Japan very much. There are two reasons. First, I like Japanese food. Second, I like Kimono. 何先生かわかりましたか？

C ALT の先生です。

T そうですね。Kathy 先生です。先生はどこの出身ですか？

C オーストラリアです。

T その通りです。では，日本が好きな理由はいくつありますか？

C ２つです。

T そうですね。何と何ですか？

C 日本食。

C 着物。

T そうですね。よくできました。では，プリントの２番に進みます。では，これからみなさんが自分自身の自己紹介文をつくる準備をしましょう。３つの質問に答えてください。①何歳ですか？，②週末何がしたいですか？，③その理由を２つ答えてください。英単語がわからない場合は，日本語で書いておいてください。先生が回りますので，質問してください。では，始めましょう。

* 全員が書き終えたのを確認します。

T では，自分の秘密の暗号をプリントの裏に書いてください。プリントを回していきますよ。先生がストップと言ったら止めて，持っているプリントに書かれている自己紹介文を読み上げてください。それをみなさんで聴きます。だれの自己紹介文か当ててください。では，プリントを回し始めましょう。用意スタート。

* 止まったところで，クラスの何名かを指名して，手元の自己紹介文を読んでもらい，だれの自己紹介文であるかをクラスで推理します。

指導の ポイント ★ ●ある程度まとまった英文を書き上げる活動です。文字を書くことに抵抗のある子供には無理強いせずに口答英作文で対応します。

（飯島 睦美）

原因・根拠をつなげる力がつく
フレーズカードづくり

言語	
論理数学	
音楽	
身体運動	
50	
空間	
対人	
内省	
博物	

学習形態 全体・個別　**対象** 小学校6年生〜
使用技能 書く

書く活動は，話す活動と論理の組み立てが似ているが，文字を使うというところで，認知のかなりの部分が使われてしまう。よって，いかに定型表現をたくさん習得し，文字を書くことに力を取っておけるかがねらいとなる。

概要　書く活動の中で，頻繁に出てくる課題は，自分の意見を述べる課題です。英文に限らず，読者にとって読みやすい理論の進め方は，意見を明言して，その意見の根拠や理由を述べ，最後にもう一度自分の意見をまとめて，再度述べる流れです。この課題では，意見—理由を1文＋1文でつくりあげる練習をし，このスタイルの定着を図ります。

準備　次のフレーズカードをつくります。

I want to (　　　　　　　　　　),
because I (　　　　　　　　　　).

I don't want to (　　　　　　　　),
because I (　　　　　　　　　　).

学習の流れ ★ まず，理由や根拠を示す英語表現を練習します。

T みなさん，今日は自分の意見を述べて，その理由を付け加える表現の練習をします。（フレーズカードを提示しながら）I like Mary because she is kind. この英文の意味がわかりますか？この英文で自分の意見はどこですか？

C 私は，メアリーが好きです，の部分です。

T そうですね。I like Mary の部分です。では，なぜ Mary が好きなのですか？

C 彼女が親切だからです。

T その通りです。意見と理由をつなげているのが，because ですね。because は，～なので，という意味で理由を示します。では，配ってあるプリントを見てください。（ ）の部分に自分の意見を入れて，完成させましょう。

I like (　　　　　) because (　　　　　) is (　　　　　).

（書き終わったのを確認して）

T では，お隣の人とつくった英文を交換しましょう。（時間があれば，クラス全体に発表してもらう）

T では，次の表現です。（フレーズカードを提示しながら）I don't go out because of rain. 意見は何で，その理由は何ですか？

C 意見は，外に出ない，理由は雨です。

T はい。その通りです。よくできました。because of の後に名詞をつなげて理由を示します。では，プリントに記入してみましょう。雪で出かけない場合は，どうなりますか？　書けたら発表してください。

I don't go out (　　　　　) (　　　　　) (　　　　　).

（残りの2枚のフレーズカードも同様に練習する）

T では，プリントの（　　　）の中に自由に書き入れてみましょう。

I want to (　　　　　), because I (　　　　　).	I don't want to (　　　　　), because I (　　　　　).

指導の ★ ●書くという活動は，「考える」「文字を書く」という最も認知的に負荷のかかる
ポイント 　ものです。難しい子供には注意をして支援します。

（飯島 睦美）

あとがき

　2020年4月，英語教育改革の柱の1つである「小学校英語教育」が本格的に始動されるはずでした。しかし，COVID-19の感染拡大を受け，すべての教育機関は，休講やオンライン授業が余儀なくされ，通常の教室での授業形態をとることができないまま，数か月が過ぎ，徐々に学校が再開されている現状です。先生方も子供たちも，この予期せぬ状況をどのような思いで，どのように過ごしていらっしゃったでしょうか。学校が再開されたとは言え，なかなか従来の学校生活がすべて取り戻されたわけではありません。なにかしらの不自由さを感じながらの教育活動が行われているものと推察しております。日々の学校生活の中で，全体に問題が生じている場合，学習者個々が抱える問題点は，埋もれてしまう傾向にあります。初めての外国語としての英語学習が教科として始まり，スムーズに取り組めている子供たち，今まで感じたことのない学習上の違和感ややりづらさを，それが困難と認識することなく，やり過ごそうとしている子供たちが混在しているのではないでしょうか。

　我々，著者一同は，小学校英語教育に関わられる指導者のみなさまに参考としていただけるよう，本書を作成いたしました。英語の学習現場でよく観察される難しさを描写することから始め，学習者が英語に躓きやすい要因となる認知特性や，英語を指導する際にわかっていると学習者の躓きやすい過程に気づきやすい理論などについて触れた後，具体的指導例や教材例を提案しています。また，それぞれの指導例や教材例は，ガードナーの多重知能論に基づいて，学習者が得意とする能力に合わせて使えるように工夫しました。子供たちが，英語を学ぶ際に，言語学習上の適性が弱いがゆえに，学習動機や自尊心までも全否定されてしまうことのないように，なるべく様々な得意な能力に関係するように考慮しました。教室の中の子供たちの顔が上がった状態で，授業が進められる様子を思い浮かべながら，執筆いたしました。本書が子供たちの前に立つ一人でも多くの指導者のお手伝いができ，そして英語学習に前向きに取り組む子供たちが増えることを願ってやみません。

　このような前代未聞の難儀な状況の中で，明治図書の佐藤智恵様は，編集から校正に至るまでの間，常に我々著者に寄り添い，的確なご意見をいただき，また励ましのお言葉をかけ続けてくださいました。この場をお借りして心より御礼申し上げます。

著者を代表して――
群馬大学　飯島　睦美

【監修者紹介】

竹田 契一（たけだ　けいいち）
大阪教育大学名誉教授
大阪医科大学 LD センター顧問

【著者紹介】

飯島 睦美（群馬大学教授）
村上加代子（甲南女子大学准教授）
三木さゆり（大阪府大阪市立西中学校）
行岡 七重（島根県松江市小学校外国語教育指導協力員）

〔本文イラスト〕　まつだみやこ，木村美穂

特別支援教育サポートBOOKS
学びはじめにつまずかせない！
多感覚を生かして学ぶ
小学校英語のユニバーサルデザイン

2020年10月初版第1刷刊	監修者	竹　田　契　一
©著　者		飯島睦美・村上加代子
		三木さゆり・行岡七重
発行者		藤　原　光　政
発行所		明治図書出版株式会社

http://www.meijitosho.co.jp
（企画）佐藤智恵（校正）武藤亜子・nojico
〒114-0023　東京都北区滝野川7-46-1
振替00160-5-151318　電話03(5907)6703
ご注文窓口　電話03(5907)6668

＊検印省略　　　　　組版所 中　央　美　版

Printed in Japan　　　　　ISBN978-4-18-346514-6
もれなくクーポンがもらえる！読者アンケートはこちらから
→